BERLIN? JA, WIR HATTEN MAL WAS

W0074004

Kati von Schwerin, geboren 1983 in Hohenlimburg/Hagen, studierte Malerei an der Kunstakademie Düsseldorf und Philosophie in Düsseldorf und Berlin. Neben zahlreichen Einzel- und Gruppenausstellungen im In- und Ausland hat sie drei Musikalben veröffentlicht, einen Podcast gehostet und schreibt bis heute als freie Autorin für das Titanic Magazin. Sie lebt und arbeitet in Ostfriesland.

KATI VON SCHWERIN

BERLIN? JA,
WIR HATTEN MAL WAS
EINE ABRECHNUNG

emons:

Bibliografische Information der Deutschen Nationalbibliothek
Die Deutsche Nationalbibliothek verzeichnet diese Publikation
in der Deutschen Nationalbibliografie; detaillierte bibliografische
Daten sind im Internet über http://dnb.d-nb.de abrufbar.

© Emons Verlag GmbH
Alle Rechte vorbehalten
Umschlaggestaltung: Kati von Schwerin und Leonardo Magrelli
Gestaltung Innenteil: DÜDE Satz und Grafik, Odenthal
Lektorat: Lothar Strüh
Druck und Bindung: CPI – Clausen & Bosse, Leck
Printed in Germany 2023
ISBN 978-3-7408-1832-6
Eine Abrechnung
Originalausgabe

Unser Newsletter informiert Sie
regelmäßig über Neues von emons:
Kostenlos bestellen unter
www.emons-verlag.de

Für Ostfriesland

INHALT

»Dr. Grabow – Paartherapie«, ein goldenes Schild mit eingravierter Schrift, edel und schlicht und dennoch mit einem sichtbaren Makel – die Schraube unten rechts fehlt. Zum nun vierundvierzigsten Mal stehe ich hier vor der Tür und frage mich erneut, wer wohl die Dringlichkeit empfand, die kleine goldene Schraube rauszudrehen und mitzunehmen. Ich klingle, es surrt, und so schlurfe ich ein letztes Mal hinein in das opulente Treppenhaus, hoch ins erste Obergeschoss zu Frau Dr. Grabow. Sie empfängt mich wie jedes Mal freundlich, bietet Wasser an und einen Platz auf der beigefarbenen Couch mit Kissen aus Samt. Ich mag keinen Samt, da bleibt alles dran hängen, Haare, Fussel, Staub.

Berlin ist schon da, sitzt schlabbrig auf der anderen Seite des Sofas, schlecht gekleidet, ungekämmt, null Bock – wie immer.

»Na, Du alter Pelz, welcher Club hat Dich denn heute ausgespuckt?«, begrüße ich die Hauptstadt.

»Halt die Fresse«, kommt als Antwort.

Dreiundvierzig Sitzungen lang haben wir zu dritt versucht, etwas zu retten, unsere Liebe, Rest-Sympathie oder zumindest ein bisschen Respekt. Wir hatten das »Verzweiflungs-Paket« gebucht, dreiundvierzig Sessions à zwei Stunden, inklusive unterstützender Literatur und Online-Kurs. Lange haben wir gerungen, mit dem Finger auf den jeweils anderen gezeigt, die Hosen runtergelassen und alles erzählt. Frau Dr. Grabow hat uns stets ermutigt, »alles rauszulassen« und »ehrlich miteinander umzugehen«, auch die »unangenehmen Dinge« anzusprechen … Was wurde es unangenehm, sehr, sehr unangenehm. Ich hab alles ausgepackt, Berlins Gekotze und Geficke, das Alkohol- und Drogenproblem, die labbrigen Unterhosen und das ganze Geschisse. Berlin saß immer nur da, noch drupp, noch ungeduscht und immer schon beim nächsten Ding. Da kam gar nüscht, also hab ich geredet und erzählt, wie es dazu kam, dass wir uns nichts mehr zu sagen haben nach so vielen Jahren. Ich wollte Berlin aufrütteln und wachklatschen …

Doch heute, beim großen Showdown, beim Grande Finale, geht's nun letzten Endes nur noch darum, wer wann welche Sachen bei wem abholt, wer die Spülmaschine behält und wem wirklich der Teller mit den blauen Blümchen gehört. Ich habe alles gegeben. Ein Trauerspiel in dreiundvierzig Akten.

Es konnte nicht funktionieren. Das hätte ich kommen sehen müssen. Eine Finte war das, ein Irrtum. Berlin.

Düsseldorf, acht Uhr morgens, der Zug fuhr um neun. Am Ende der Straße angekommen, war ich mir wie so häufig nicht mehr sicher, ob ich meine Wohnungstür abgeschlossen hatte …

»Ich beeil mich, geht ganz schnell«, versprach ich ihm, als ich zurück zu meiner Studentenbude lief.

Ich war skeptisch, sollten wir wirklich fahren, in die große Stadt, nach Berlin? Jetzt? Ich war noch nie dort gewesen und auch wenig euphorisch, denn die Streitereien bestimmten unsere Zeit, nachdem er mich beschissen hatte und monatelang belog, bevor er es zugab. Am Tag vor unserer Reise rollte zu allem Übel noch mein Bauchnabelpiercing in seinen Badewannenabfluss. Er war schuld. Kläglich versuchte er dann, mit der Zange den Abfluss abzuschrauben, um den Zehn-Euro-Stecker herauszufischen. Uns beiden war klar, dass es nicht um den glanzlosen Schmuck ging, es war symbolisch. Der Stecker war weg.

An meiner Wohnung angekommen, war die Tür verschlossen, zwei Mal, und der Ofen aus.

So wie heute.

Schnell lief ich zurück die Straße entlang, hadernd

und murrend und mit großer Unzufriedenheit über mein Kurzzeitgedächtnis, als er sich als scheinbarer »just-do-it«-Slogan offenbarte … ein alter Mercedes, hellblau und die Sorte Auto, die einem weise und vertrauenswürdig erscheint. Auf dem Nummernschild ein großes B.

Ich bin ja empfänglich für so was. »Das ist ein Zeichen!« Berlin, wir kommen!

Er hatte Termine, traf sich mit einem Major-Label-Heini, ich blieb im Hotel, nachdem wir am Bahnhof Zoo angekommen waren. Mit dem ICE. Am Bahnhof Zoo. Es war so niedlich.

Im Hotelzimmer befand sich direkt neben dem Bett eine Badewanne. Okayyy?

Im Bad gab es keine Dusche, es gab nämlich kein Bad, es gab nur eine Dusche in der Ecke des Zimmers mit einer Glastür. Supersexy, wenn die Beziehung wie ein angefahrener Waschbär am Straßenrand liegt und auf den Tod wartet.

Es war also so lala, Berlin.

Den Major-Deal hat er auch nicht bekommen, obwohl er einen Termin im Büro des Chef-A&R hatte … tze, Stümper.

Zurück in Düsseldorf haben wir uns bald getrennt, es war unschön. In der Wohnung unter seiner tropfte es von der Decke, die Idee mit der Zange war sehr schlecht gewesen.

Den alten Mercedes habe ich auch wiedergesehen, seit

der ersten Begegnung fast täglich. Denn es war kein B, es war ein erbärmliches D mit einer rostigen Schraube in der Mitte, um das verbeulte Nummernschild festzutackern.

Ja, so war es, mein erstes Mal.

Ich wollte wieder hin, warum, weiß ich nicht.

Mit meiner Mutter fuhr ich zweimal rüber, wir wohnten in Mitte in einem Hostel. Es war ok, lag perfekt für uns zwei orientierungslose Touristen, und unser Zimmer hatte ein eigenes Bad!

Gut, wir entdeckten bei unserer ersten Ankunft ein paar abgeknipste Zehennägel auf dem Fußboden, und die trotteligen Backpacker-Interrail-Deppen machten im Hof Party bis fünf Uhr, aber hey, dit is Berlin, wa!?

Problem war nur, dass ich grundsätzlich sehr, sehr schlechte Laune habe, wenn mir irgendwer oder irgendwas ohne Notwendigkeit den Schlaf raubt. Gut, dass meine Mutter ein dickes Fell hat und sie mich liebt, sonst hätte sie mich aufgrund meines Gemütszustands mit Sicherheit beim Zoll in Ahrensfelde ausgesetzt – ohne alles!

So stapften wir los auf der Suche nach Kaffee und Frohsinn, glorifizierten den Dom, erschraken uns vorm Tacheles und fanden schließlich Clärchens Ballhaus – ich war sofort verliebt. Die Auguststraße, für eine bildende Künstlerin wie mich grundsätzlich schon ein magischer Ort. Die Galerie »eigen+art« mit den Helden meiner Studentenzeit: Tim Eitel und Martin Eder. Dazu Judy Lybke, stets verpackt in Anzüge, die der Hölle entspringen, die er aber mit einer Selbstverständlichkeit präsentiert, als hätte ihn Karl Lagerfeld höchstpersönlich am Morgen dort hineingenäht. Legendär.

Ich liebte Martin Eders leicht verstörende Katzen-Aquarelle und das technische Gewichse seiner Ölmalerei, die beinahe übergriffigen Amazonen und skurrilen Farbwelten. Leider ist Eder viel zu häufig im Muschi- und Arschbusiness unterwegs, was es letztlich schwierig macht, uneingeschränkt und voller Respekt Fan-Girl zu sein.

Natürlich sind Mama und ich nach dem Kaffee brav zur Museumsinsel gedackelt, die mich als Kunstschaffende selbstredend um den Finger wickelte. Trotz seiner unverzeihlichen Asymmetrie verfiel ich dem Bode-Museum, das wie eine Galionsfigur am Zipfel gen Nordwest blickt und ein V in die Spree keilt, damit die Rundfahrtsschiffchen auch ein bisschen was zu tun haben.

Im Museum pilgerten wir schnurstracks zur zweiten Kuppel und dem sich darunter befindenden Treppenhaus, denn da sollte er stehen, einer von uns! Papa nordete uns vor Abfahrt noch ein, dass es sowohl am Reiterstandbild »Unter den Linden« als auch im Bode-Museum Schwerin'sche Spuren gibt. Toll. Das machte unser Sightseeing gleich viel privilegierter!

Ich wollte ihn zuerst entdecken und hastete die Stufen hoch, links, rechts, »wo ist der Heini?«.

Im Nachhinein kommt es mir so vor, als wäre es womöglich erneut ein Statement Berlins gewesen … »Komm nicht her, ich kann Dir nicht geben, was Du suchst. Nein, es liegt nicht an Dir, es liegt an MIR, ich kann nur Freundschaft plus.«

Neben dem Eingang zum ersten Obergeschoss und den schönen Holzfiguren, den romantischen Altarmalereien und der christlichen Ikonographie stand allerdings kein Graf von Schwerin, nur ein Graf von Schweri…

Das »N« war weg, lost, vielleicht geklaut von Sven, der es Nicole anstatt eines Mauerstückchens und Ampelmännchen-Schlüsselanhängers als Souvenir mit nach Dorsten gebracht hat, damit sie sich endlich für ihn entscheidet, anstatt René hinterherzulaufen. Ach, was weiß ich … Ich hatte das Gefühl, diese Stadt und dieses *asi*metrische Museum machten einen plumpen Scherz auf meine Kosten.

So wie die Kids in der Schule, die es für feinen Humor hielten, in meinem Nachnamen das »R« wegzulassen. Was haben wir gelacht.

Mein Vater wollte gern ein Foto der Vorfahren-Skulptur, was in Anbetracht dieser Beschneidung durch das Ruhrgebiet nun irgendwie sinnlos erschien.

Zum Abschluss der Reise trafen wir noch meine Cousine, die im Vorfeld mehrfach vorschlug, wir könnten uns ja »beim Alex« treffen, ich schwieg dazu erst mal, in der Hoffnung, sie würde es von selber merken …

Schließlich machte ich dann doch deutlich, dass wir sie lieber in einer Bar treffen würden, anstatt bei irgendeinem Kumpel, den wir nicht kannten … Oh, Herr.

Irgendwann war auch mir dann klar, dass es sich beim »Alex« nicht um einen hippen Kumpel handelte, sondern um den Alexanderplatz, niemandes Kumpel, absolut kein Kumpel von niemandem, zu keiner Zeit, in keiner Parallelwelt, jemals.

Welch ein Sinnbild, ein Manifest für Berlins Tücke und trügerisches Benehmen ist dieser Ort! Fährt man ein in diese Stadt, sieht man den reckenhaften Fernsehturm wie ein großes Willkommensbanner, das von Schwalben gehalten wird: »Kati! Wie schön, dass Du da bist. Komm, ich umarme Dich!«

Dann denkt man: Hach!, und der Turm sagt: »Ich bin Berlin, hier wird es Dir gut gehen, komm zu mir, und ich zeige Dir meine elf Kaninchen und den Babyesel, der bei mir wohnt. Du darfst ihn streicheln und ihm eine Möhre geben!«

Und dann denkt man: Hach!, und hat noch lange nicht durchschaut, dass am Fuße des Turms gar kein Babyesel steht, sondern ein Junkie, der eine Taube wegtritt, um an ihrer Stelle den Pizzarand zu erreichen, der ihm zwei Minuten Hoffnung gibt und dafür sorgt, dass er nicht heute krepiert, sondern morgen. Danke, Berlin!

Ein weiters Mal verschlug es mich noch in die Hauptstadt, bevor ich mich entschloss rüberzumachen.

Ich hatte für sehr viel Geld ein Ticket gekauft, das Ticket zum Glück, und wie sich herausstellen sollte, zum niemals mehr übertreffbaren musikalischen Erlebnis. Egal, was da auf dieser Welt noch kommen mag, diese musikalische Offenbarung wird nichts und niemand jemals auch nur ansatzweise toppen können.

Prince. TAFKAP. The Artist. Symbol. Prince. Whatever.

Es war Sommer, und dieser kleine Mann, der mich tatsächlich noch mal um vier Zentimeter in Körpergröße unterbot, spielte drei Stunden lang auf der Waldbühne und versaute mich für immer, was den Anspruch an Live-Konzerte betraf.

Da aufgrund der erheblichen Preise vor allem die Plätze direkt vor der Bühne nicht ausverkauft waren, durfte irgendwann der Pöbel mit den günstigsten Achtzig-Euro-Tickets in den obersten Reihen, zu dem auch ich gehörte, nach ganz unten in Schweiß-Weite. Da ich in Flipflops hastig jegliche Zäune und Absperrungen überkletterte, kann ich von Glück sagen, dass dies nicht mein letztes Konzert war und ich mir nicht alle Gräten gebrochen habe.

»Purple Rain« war die letzte Zugabe, und die Bühne wurde passend lila ausgeleuchtet.

Wer dieses Konzert verpasst hat, obwohl er eigentlich hingehen wollte, aber keine Zeit hatte, zu faul war, zu kniepig oder einfach nur zu doof, dem muss ich an dieser Stelle mit absolutem Nachdruck mitteilen: Du bist ein Depp und an maßloser Trotteligkeit nicht zu übertreffen!

Auf dem Rückweg zum Auto fing es an zu regnen, leichter Sommerregen, lila. Es war perfekt, und Berlin rieb sich die Hände und dankte dem kleinen Gott des Pop-Soul-Funks, mich endgültig rumgekriegt zu haben.

Viele Konzerte sollten darauf folgen: Damien Rice, dreimal Glen Hansard (unter anderem ein Solo-Akustik-Konzert im später abgebrannten original Festsaal Kreuzberg), Father John Misty … um mal die guten zu nennen.

Berlin mit seinen tausend millionen Clubs und seinem Überangebot an Konzerten und Partys macht die Gagen schlecht und die KonzertgängerInnen satt und träge.

Schnell war der Reiz weg, weil man wusste, dass Künstler XY sowieso irgendwann wieder in die Stadt kommt, denn es ist ja Berlin, und wenn du was taugen willst, muss es mit auf den Tourplan. Dabei ist der Sound meistens schlecht, der Backstagebereich lieblos vorbereitet und das Publikum gelangweilt, sofern man nicht live ein Kaninchen häutet oder masturbiert. Die Provinz macht sich zwar nicht gut auf dem Tourplakat, aber in Bergisch Gladbach sind die Leute noch dankbar für echte Jefööhle, und in Dorsten steht Sven in der ersten Reihe, reckt das Feuerzeug in die Höhe und denkt an Nicole, während ein Lovesong läuft.

Aber Berlin ist da einfach durch mit dem Thema, durch

mit Gefühl und Realness, das juckt hier einfach keinen mehr.

Klar, so manches Mal ist auch der Künstler schuld, dass man die Lust verliert, dann wird man als Fan und braver Ticketkäufer bitter enttäuscht und rastet womöglich auch ein kleines bisschen aus, als man festgestellt hat, dass der kleine, dürre, blonde dänische Künstler abseits der Bühne leider ein Arschloch ist.

Dann schmeißt man im Club eventuell schon mal ein Bier gegen eine Tür und dekoriert möglicherweise ein bisschen die Toilette um, nachdem man aus Enttäuschung dem Mexikaner verfallen ist (dem Schnaps, nicht dem Mann).

Und das Schlimmste daran war nicht die Kotze im Schnee vor dem grünen Bully, die man brav nach getaner Arbeit mit unbeflecktem Schnee zugeschüttet hat, sondern die Tatsache, dass man sich das Album des besagten Sängers niemals wieder anhören kann, obwohl es wirklich, wirklich großartig war.

Wie gut also, dass ich Prince nie Backstage getroffen habe, wer weiß, womöglich hätte er mich mit lila Drops beworfen oder mit seinen High Heels, aus Ärger darüber, dass ich Zwerg doch noch größer bin als er.

Da in der Lüpertz-Klasse der Kunstakademie Düsseldorf zu meiner Zeit eine eher unlustige Stimmung herrschte, nahm ich schnell Reißaus und bezog mein eigenes Atelier in Düsseldorf-Heerdt im Haus eines älteren Herrn. Hanns war Rentner und sehr zu begeistern für Kunst und Architektur. In seinem Garten wuchsen die leckersten Tomaten, die ich je gegessen hatte, Salat und Pflaumen. Aus Letzteren brannte Hanns jährlich ein bisschen Schnaps, den ich ebenfalls kosten durfte. Vorbrand, Hauptbrand, Nachbrand, alles musste ich probieren, und zum ersten – und hoffentlich letzten – Mal dachte ich, ich würde von Alkohol erblinden. Das war kein Schnaps, das war eine Waffe!

Nun gut, jedenfalls hauste ich dort in dem kleinen Erdgeschoss-Atelier und erfreute die Spaziergänger vor allem durch die Arbeit an meinem drei mal acht Meter großen Aktselbstbildnis. Durch die selbst gewählte und wunderbare Einsamkeit in meinem Kleinod der Kreativität fing ich allerdings irgendwann an, mit mir selbst zu reden, was nach einer gewissen Zeit etwas unbehaglich wurde. Also beschloss ich, dagegen anzugehen, und begann neben dem Kunststudium noch ein Studium der Philosophie, denn das hatte mir in der Schule zumindest halbwegs Spaß gemacht, und zermürbendes Um-die-Ecke-Denken bis zur Erschöpfung, das kann ich!

Nachdem der Bachelor-Abschluss in greifbarer Nähe war und die Erde in Dussel-Dorf mehr als verbrannt, traf ich also die folgenschwere Entscheidung, meinen Philosophie-Master an der Humboldt Universität in Berlin nachzulegen. Für Philosophen und Leute wie mich, die einfach gerne diskutieren und geschwollen umherschwafeln, ist die HU (wie sie die StudentInnen lässig bezeichnen) DER Hotspot und erklärtes Ziel. Hegel, Schopenhauer und viele der anderen verkopften Typen trieben hier ihr Unwesen und schauen nun grantig von Büsten und Bildern auf die kleinen StudentInnen hinab mit einem Blick, der deutlich macht, dass wohl so gut wie niemand auch nur ansatzweise Späßchen haben wird mit ihrem Werk.

Als ich das Foyer der HU das erste Mal als Touri/Gast betrat, fühlte ich diese Magie eines alten und geschichtsträchtigen Gebäudes und war ganz beduselt und beseelt, sodass ich erst mal stolz einen Kuli und eine Tasse mit Uni-Logo kaufte, ohne überhaupt einen Studienplatz zu haben.

Auf den Stufen, die in den ersten Stock führten, stand auf jeder einzelnen »Vorsicht Stufe!«, was ein Gag!

Ich fand es lustig, und wieder einmal bemerkte ich nicht, dass das ganz und gar nicht witzig gemeint war, sondern vielmehr zynisch, denn wie sich herausstellte, war diese Exzellenzuni so gar nicht exzellent, sondern nur ein verstaubter Haufen Scheiße, der stolz auf einem Stapel angegrabbelter Geschichtsbücher thront. Vollgestopft mit Angebern, Egoisten und Feiglingen, kraulte sich dort jeder selbst die Eier und strebte nach nichts außer der nächsten Veröffentlichung in irgendeinem elitären Fachmagazin oder irgendeinem aufgeblähten Vorwort in der xten Auflage von »Ecce homo«.

Die Stufen wollten warnen, doch ich begriff nicht, dass diese Uni nicht die Treppe war, die einem weiter nach oben verhalf, sondern der Stolperstein, der einen auf die Schnauze fallen ließ, während sich die Uni genüsslich selbst den Arsch leckte.

Das Immatrikulationsbüro ordnete meine Bewerbung erst mal falsch ein, woraufhin ich eine hoffnungslose Absage erhielt. Ein mir bekannter Kommilitone aus Düsseldorf bekam allerdings einen Studienplatz, obwohl er in Sachen Note und Wartesemester um einiges schlechter dastand.

So ging der ganze Spaß los: mit Zwergenaufstand meinerseits und Unverschämtheiten irgendwelcher Bürokratie-Bitches. Ich bekam meinen Platz, und das Unheil nahm seinen Lauf.

Ich zog nach Berlin und durfte den ersten Tag in der neuen Stadt erst mal auf der Polizeiwache verbringen, nachdem ein Bekannter den gemieteten Umzugssprinter in einem Anflug von Einpark-Selbstüberschätzung gegen ein stehendes Auto gefahren hatte.

Hurra! Hallöchen! Das Studium schloss ich mit Note 1,9 ab, und meine Masterarbeit schrieb ich zum Thema »Reflexion und Langeweile«, die ich an einer anderen Berliner Uni im Referat vorstellte. Ich hatte eine Power-Point-Präsentation vorbereitet mit Bildern von Tennisbällen und Katzenbabys, dazu verteilte ich Schnaps als Anschauungsmaterial. Der Professor fand das sehr hilfreich zur Deutlichmachung meiner These, ein paar StudentInnen waren hingegen der Meinung, das sei sicherlich verboten.

Nachdem ich über mehrere Wochen hinweg erfolglos versucht hatte, meine Abschlussarbeit anzumelden und alle Termine festzulegen, stand ich kurz vor der Kapitulation. Ich fühlte mich wie in der Asterix-und-Obelix-Episode, in der sie den rosa Passierschein brauchen, dafür aber zuerst den blauen einreichen müssen, der wiederum nur mit dem zuvor ausgefüllten gelben zu erhalten ist. Mehrfach schickte man mich vom Prüfungsamt zum Studierendensekretariat und wieder zurück, da wieder auf irgendeinem Wisch irgendein Pups-Stempel fehlte oder eine Unterschrift von irgendeinem Heini an die falsche Stelle gekritzelt worden war. Es wurde zeitlich knapp, und am Studierendenbüro hing ein Zettel: »Bin gleich wieder da (Smiley)«.

Gut, dachte ich mir, dann kann ich mir jetzt in Ruhe einen Schnaps kaufen, damit das Ganze hier nicht noch eskaliert. Es eskalierte aber. Nach einer halben Stunde kehrte ich zurück, und an der Tür hing nun eine neue Notiz: »Für heute leider geschlossen«.

Ich trat gegen die Tür und schmierte auf den Zettel: »Leckt mich doch am Arsch«, bevor ich heulend gen Boden sank und das Körnchen beziehungsweise den Pennerschluck beziehungsweise die Quengelware der Alkoholiker unter Tränen leer schlürfte, während der ein oder andere Professor an mir vorbeimarschierte. Es war erbärmlich. Gestolpert war ich, bei jeder verdammten Stufe. Und nun lag ich am Türrahmen eines Studentenbüros mit einem lauwarmen Fusel-Korn und war so zornig, dass ich am liebsten die Hegelbüste vom Sockel gerissen hätte, um sie auf dieses aufgepumpte beschissene Gebäude zu schmeißen.

Mein gewünschter Zweitprüfer von der Technischen Universität, der den einzigen Lichtblick dieses Studiums darstellte, wurde mir aberkannt, und mein Hauptprüfer, ein renommierter, kurz vor der Rente stehender Professor, entschloss sich kurzerhand, eine meiner Hausarbeiten rückwirkend schlechter zu benoten, da ihm meine von ihm vorher so gefeierte Polemik vor den Kollegen des Prüfungskomitees auf einmal peinlich wurde. So was kannste dir nicht ausdenken.

Irgendwann war dann alles vorbei, und ich durfte mir feierlich meine Urkunde des »Master of Desaster« abholen und einrahmen.

Meine erste Berliner Wohnung lag im Prenzlauer Berg. Da ich vor Kreuzberg und Neukölln Angst hatte, der Wedding immer nur »kommt«, aber niemals ankommen wird und Friedrichshain von Grund auf antiautoritär erzogen wurde, schien mir der »Prenzlberg«, wie die Schwaben ihr persönliches Malle gern nennen, durchaus angenehm. Ich wohnte direkt an einem Platz, der vor einigen Jahren noch Drogenumschlag-Hotspot gewesen war, heute vor allem als Spielplatz und Mutti-Treffpunkt herhält. Ich fragte mich oft, was wohl das schlimmere Übel sei.

Meine Wohnung lag im ersten Stock im Hinterhaus, es gab drei Zimmer und ein innenliegendes Bad von der Größe eines Schuhkartons. Das Wohnzimmer war beinahe zu jeder Tageszeit dunkel, weil sich in gefühlt zwei Metern Abstand eine Brandwand befand. Diese war zunächst gut getarnt und hübsch verpackt, da sich wilder Wein daran entlanghangelte. Doch leider gehörte auch dieses bisschen visuelle Ästhetik bald der Vergangenheit an, nachdem die Bepflanzung eines Tages von einem Kletterheini wüst abgerissen wurde.

Mein Schlafzimmer grenzte an den Flur der Nachbarwohnung, was insofern schwierig war, da meine Nachbarin täglich zu absoluten Unzeiten am frühen Morgen in hohen Hacken den Flur hektisch auf und ab lief, bevor sie das Haus verließ. Beinahe jeden Morgen wachte ich davon auf, was mich hin und wieder dazu verleitete, cholerisch gegen die Wand zu hämmern und die Nachbarin wüst zu beschimpfen. Ich traf sie nie persönlich, kannte nur ihre morgendliche Flurroutine.

Ins kleinere Nebenzimmer umziehen, in dem sich mein Atelier befand, war auch keine Option, da der Nachbar des Seitenflügels ganz offensichtlich an chronischem Husten beziehungsweise Röcheln litt. Möglicherweise war es auch das unmotivierte Stöhnen eines Mittfünfzigers, dessen ganzer Stolz seine Dynamo-Dresden-Mitgliedschaft und der Pornokanal waren. Es war kompliziert.

Die Nachbarn im zweiten Obergeschoss über mir waren Stampfer. Keine Teppiche, aber am Tage wie in der Nacht Schuhe an, maßgeschneidert mit fester Ledersohle.

Wenn sie in ihrem schicken Wohnzimmer, gespickt mit kühlen Designermöbeln und Bauhaus-Kack, aus der offenen Küche zum Sofa stampften, wackelte mein Geschirr im Schrank, und die Teller klirrten mahnend gegen die Schüsselchen mit Sprung.

Es war ein Ärztepaar, Ende dreißig und in Scheißigkeit nicht zu übertreffen.

Er schon komplett haarlos und uncharismatisch wie ein Sack Mehl. Sie das verschucherte Pendant ohne Profil. Der Sex war mies, das war schnell klar, man hörte ihn, sie nie, und es war das typische Brustgeklopfe eines haarlosen Mannes, der sich von jedem Furz seiner Außenwelt nachhaltig gestört fühlte.

Irgendwann zogen sie aus, und das Umzugsunternehmen parkte beim Runtertragen Zeug vor meiner Wohnungstür. Ich gebe zu, dass ich kurz darüber nachdachte, das Trekking-Rucksack-Set in Grün und Pink in meine Wohnung zu schleifen. Ich beherrschte mich.

Der Späti um die Ecke und der kleine Supermarkt nebenan waren da im Vergleich sehr liebgewonnenen Nachbarn. Tarek vom Spätkauf begrüßte mich irgendwann rigoros mit »Na, Spice Girl« und heulte sich bei mir über seine Beziehungsprobleme aus, denn er hatte schlichtweg eine viel zu hübsche Freundin.

Der Junge an der Supermarktkasse hingegen war mit sich selbst anscheinend total im Reinen. Nicht die hellste Leuchte mit kleinem Aggressionsproblemchen, aber im Kern ein guter Kerl. Auch wir waren irgendwann so dicke, dass er mich eines Tages fragte, ob man von Rotwein und Zartbitterschokolade eigentlich leben könnte, ich würde ja nichts anderes kaufen.

Es war mir ein wenig unangenehm, denn der Laden war voll, die Schlange lang, und ich hatte mir mit meinem Outfit an dem Tag nun wirklich gar keine Mühe gegeben …

Obendrein war es auch Unsinn, ich habe dort auch oft Frischkäse gekauft. Just saying!

Oh Neukölln, Du, mein Endgegner. Als ich das erste Mal Berlin besuchte, fuhr ich mit dem Auto durch besagtes Kleinod im Süden.

Ich wusste nicht, wo genau ich gerade unterwegs war, denn ich vertraute der höchst motivierten Stimme des Navis. Als ich dann allerdings irgendwann den Schriftzug »Neukölln Arkaden« erblickte, brach mir unmittelbar der Schweiß aus, und ich verriegelte reflexartig die Autotür von innen. Ich dachte nur: Lieber Gott, lass mich hier bitte heil rauskommen, das darf noch nicht das Ende sein, nicht jetzt, nicht hier im Ghetto.

Dieser Stadtteil Berlins war mir bis dato nur durch Kriminalität und Gesetzlosigkeit bekannt. Brennende Autos, Klappmesser und Schießereien. Neukölln war für mich wie Gotham City nur mit Shisha-Bars und Nussläden. Doch selbst der Joker macht sich hier ins Hemd und bestellt den Döner lieber direkt nach Hause. Ich überlebte die Durchfahrt knapp und vermied seit jeher jeglichen Berührungspunkt mit NK.

In einer Boutique am Alex fand ich dann nach einigen Jahren schließlich einen Jutebeutel mit der Aufschrift »Du hast Angst vorm Hermannplatz«.

Ja, du lustiger Textil-Witzling, ich habe Angst und großes Unbehagen, jetzt zufrieden?

Der Hermannplatz als vermeintlicher Knotenpunkt

der Anarchie, der Ort, an dem die Ratte mit der Taube schläft, bevor sich beide auf die Straße legen, um endlich von einem weißen Mercedes überfahren zu werden.

Hier wohnt es, das manifestierte Grau. Die Tür steht immer offen, die Fußmatte sagt »Welcome«, doch drinnen fehlt die Luft. Du kannst nicht atmen, denn hier gibt es Schleim anstatt Sauerstoff. Du denkst, du bist blind, denn gelb ist nicht gelb, gelb ist jetzt grau, auch blau ist jetzt grau, und grün ist auch grau. Und willst du wieder raus, läufst du gegen Wände aus Beton, bis die Hand dich packt und in die Ecke stellt. Da wartest du dann so lange, bis man dich mit Nüssen bewirft, gegen die du leider allergisch bist. Dann liegst du da, auf der Sonnenallee, jonglierst mit Sesamkringeln und wartest auf die M41, die wie immer nicht kommt, denn nur weil es Sonnenallee heißt, scheint da nicht automatisch die Sonne.

Die Sonne scheint in Neukölln eigentlich nie, außer auf den Spielautomaten im Bäreneck oder Bierbaum, zwei von drei, und wieder ist alles verzockt. Doch für noch ein Herrengedeck reicht's oder für ein bisschen Liebe im Männerclub. »Wir sind kein Puff, nein!« Na klar.

Die Brautmodeläden mit ihren dezenten Kreationen aus Tüll, Tüll und Glitzertüll bringen Romantik in den Bezirk und ein paar tausend Tonnen Goldpailletten. Kein Wunder also, dass Neukölln aller Roughness zum Trotz der neue Mutti-Hotspot ist. Da will jede Frau doch sofort Sex und Fortpflanzung, bei all den geschmackvollen Hochzeitskleidern gepaart mit testosterongeladenem Motorengeheul und Catcalling. Geil! Und während die

Muttis dann Prosecco-Holunderblüten-Eis verspeisen, kümmert sich der Macker im Wettbüro um die Kohle, damit der kleine Finn-Ronny bald auch eine eigene Knarre haben kann.

Aber keine Sorge, auch der possierliche Hipster findet in Neukölln nach wie vor sein Plätzchen, denn er ist da, wo es real ist, wo die Street die Regeln macht. Und dann nagt er sich wie ein kleiner Marder durchs Unterholz und sorgt dafür, dass alles hip und trendy wird und kurz drauf schön teuer und gentrifiziert. Denn die Marderspur stinkt bis nach München, und so weiß inzwischen auch das Rautentier, dass NK zwar ein Drecksloch ist, aber eins, in dem die zugezogenen Dussel gerne baden.

Tja, und so kam es, wie es kommen musste: Nun ist NK nicht nur ein hässliches Elend, sondern zudem mietentechnisch unbezahlbar, denn der Marder ist ein Schädling und selten hochbegabt.

Es bleibt einem also nur noch eins: auf dem Tempelhofer Feld campen und sich selbst einreden, es würde nach Meer duften und hinterm Horizont wäre die Lüneburger Heide. »Diese Weite, hach wie schön!« Daraufhin legst du dir Muscheln ins Bad und ein Boot im Glas. Und genau so sieht es doch aus: Berlin gibt uns ein Boot mit großen Segeln und ein Fernrohr. Dann kriegen wir einen Klaps auf den Po und bemerken viel zu spät, dass unser Boot in einer Glasflasche steckt und das Fernrohr kein Fernrohr ist, sondern nur eine alte Klorolle. Derweil lässt sich Berlin genüsslich ein Bad ein und plantscht und spielt mit seiner Ente. Und wir hocken auf dem Boot aus Streichhölzern in einer Flasche aus Glas und kommen nicht mal bis zum Badewannenrand, um uns zumindest hinabstürzen zu können. Stattdessen klopfen wir und rufen, damit uns jemand hört, doch der Korken macht das Ding akustisch sicher und ausweglos.

Zur Krönung sehen wir noch Berlins dicken Arsch, als es aus der Wanne steigt und ein Pailletten-Handtuch um die Plauze legt. Und alles, was übrig bleibt, ist wildes, dreckiges Badewasser und 'ne Gummi-Ente mit Schimmel im Bauch, die nach dem ganzen Gekraule und Geschaukle nun auch lieber am Hermannplatz von 'ner weißen Hochglanzkarre überfahren werden würde. Aber Elend ist Elend und nicht »Wünsch-dir-was«.

Berlin als großes Planschbecken für Verrückte jeder Art beherbergt so manchen Verirrten, der mit dieser großen, gierigen Stadt einfach nicht fertig geworden ist. In der Tat ist es so, dass Berlin für manches Gemüt schnell zur Überdosis wird, und so blieben sie irgendwo hängen, die armen Seelen. Dieses Übermaß an allem, diese Schein-freiheit gepaart mit viel zu vielen Technoclubs ist für einen instabilen Charakter äußerst toxisch. Und so ver-wundert es nicht, dass zwischen den Touristengruppen auch immer mal ein Freak »made in Berlin« durchs Bild läuft. Ich habe verschiedene Exemplare dieser Spezies kennengelernt und war zumeist stark hin- und herge-rissen zwischen purem Mitleid und unterhaltsamer Pop-corn-Laune.

So traf ich zum Beispiel den »bärtigen Auspuff-Mann«, ein älterer Herr, der mit ergrautem Rausche-bart und schlecht sitzender Hose erbost einen Auspuff vom Gehweg auf die Straße warf. Stolz zeigte er dabei allen vorbeilaufenden Passanten sein Maurerdekolleté, während er Hasstiraden zum Besten gab. Auch legendär ist der »Cowboy-Mann« am Bahnhof Friedrichstraße. Ein Typ mittleren Alters mit langen Haaren und Cow-boyhut, der an der Tramhaltestelle wohnt und ab und zu im Rewe City ein Fläschchen feinsten Schnaps einkauft. Immer mit dabei ist seine überdimensionierte Reisetasche aus Segelstoff, die er stets wie einen Rucksack auf dem Rücken trägt, während er schlurfend die Touristen bepöbelt.

Möglicherweise ein Mythos (denn ich habe ihn selbst nie gesehen) ist der »Motherf**** des U-Bahn-Rap« aus der U7. Es gibt mehrere Zeugen, die den Heini zu verschiedenen Zeiten gesehen haben, daher würde ich die Geschichte als glaubwürdig einstufen.

»Da sitzt ein Mädchen mit 'nem Handy … ptsch ptsch buff buff … Ihr Name ist nicht Mandy … ptsch ptsch wikkie wikkie … Ich hab keine Kohle … tschnöp … Wisst ihr, wo ich wohne … ptsch ptsch … (Pause) … (Pause) … Der Junge mit dem Rucksack … wäcka wäcka … hat heute Geburtstag … ähä.«

Unangefochtene Nummer eins im Bahngame der Freaks ist aber natürlich die »Hitze Rot Jäck«-Bande aus der S-Bahn. Hut ab, Leute, Hut ab. Jeden, ja wirklich JEDEN verdammten Tag steigt die Bettler… sorry, Schlagerbande ein, um mit Hilfe einer Musikbox und einer Trompete ein paar musikalische Klassiker zum Besten zu geben. Gut, sie können nur einen Klassiker, na, sagen wir, sie KENNEN nur einen Klassiker, und so murmeln und zwirbeln sie leidenschaftslos Ray Charles' »Hit the Road Jack«, klatschen und tröten ein paar undefinierbare Töne dazu und klappern mit ihrem Pappbecher für Moneten. Die Touristen sind nun schnell entlarvt, denn wer jetzt schaukelt, lächelt oder sogar eine Münze gibt, ist definitiv nicht aus Berlin. Diese übertriebene Happiness des S-Bahn-Animationsteams findet man allerspätestens beim zweiten Aufeinandertreffen so furchtbar, dass man denen ihre Trompete gerne dahin schieben würde, wo ganz besondere Töne herkommen.

Wo sind die anderen Freaks, wenn man sie mal braucht? Wieso treffen die Verrückten nie aufeinander? Bei Godzilla und King Kong ging das doch auch?

Zu gerne würde ich die kleine »Tourette-Frau« erleben, wenn ihr der Knilch ins Ohr trötet, während sie mal ganz chillig zur Suppenküche fahren will. Die »Tourette-Frau« wohnte auf meiner Straße im Prenzlauer Berg, in einem Schlafsack mit ihren Freunden Schnapsi 1 und Schnapsi 2, die gerne mal frech aus dem Polyester-Heim rollten und beinahe an der nächsten Straßenlaterne zerschellten. Die drei weilten zumeist vor dem Spielzeugladen, der in Wirklichkeit eine Paket-Abholstation für die Nachbarn war.

Die »Tourette-Frau« bekam wahrscheinlich nicht so oft Pakete, und so redete sie den lieben langen Tag mit den parkenden Autos, vorzugsweise Audi. Die zauselige Dame saß dann davor auf dem Bürgersteig und hielt einen gemütlichen Schnack mit der Fahrertür. Aber wenn sie mal keinen geeigneten Gesprächspartner fand, demnach also nur Kleinwagen anwesend waren, dann pöbelte sie eben alles an, was ihr vor die Linse kam.

Ich bin irgendwann an ihr vorbeigehuscht, den Blick geradeaus, bloß nichts anmerken lassen, da habe ich sie von der Seite murmeln hören: »Dich habe ich aber auch schon mal gesehen ...«

Sooo, Zeit umzuziehen.

Das tat ich dann auch, doch auch in der neuen Hood warteten schon die nächsten Crazy-Men/Women. So stiefelte zum Beispiel an der Haltestelle regelmäßig »der Dürre« entlang. Ein hagerer Kerl, ein Meter neunzig groß und dermaßen am Arsch, dass jede angefahrene Ratte noch Mitleid haben musste. Da hatte Berlin ganze Arbeit geleistet, den Typen hatten sie richtig vernascht. Er humpelte also vorbei, manchmal schleppte er sich auch in die Bahn, und es schien, als versuchte sein Gürtel mit aller Kraft, die Reste dieses Körpers irgendwie zusammenzuhalten, damit Unter- und Oberteil nicht plötzlich in verschiedenen Wagons liegen. Er bettelte mit aufgehaltener Hand, kein Becher, murmelte und erzählte dann, er habe Aids. Ich bin mir nicht ganz sicher und kenne mich beim Obdachlosen-Marketing nicht so gut aus, aber ich würde behaupten, »Ich habe Aids« und »Ich brauche Geld für Alkohol und Drogen« sind nicht unbedingt die besten Argumente, um die Crowd auf seine Seite zu ziehen …

Aber wahrscheinlich gibt es gar keinen Grund zur Sorge, denn diese »Crazy Men« oder »Crazy Women« sind womöglich vom Staat bezahlte Unterhalter, die dafür Sorge tragen, dass Berlin als verrückte Perle des Nordostens den spanischen Touristen auf ewig in Erinnerung bleibt.

Als städtische Beauftragte im Bereich Tourismus und Kultur (öffentliche Plätze und Verkehrsmittel) sind der »Crazy Man« und die »Crazy Woman« ehrenwerte Berufe mit Beamtenstatus, die dafür zuständig sind, Berlin den Look einer bunten Wundertüte zu verleihen.

Ganz nach alter Manier der Antike, fungieren sie als Spaßmacher der Gesellschaft und lenken somit ab von staatlichen Kaspereien wie Flughäfen, Schlossutopien und U-Bahn-Buddelei.

Kurz nach meiner Ankunft in Berlin half ich meiner Cousine beim Umzug. Treppe rauf, Treppe runter. Zwischendurch bekam ich eine Nachricht einer mir unbekannten Nummer mit dem Text: »Wanna call? (Nummer) → Joachim.«

Ich war ganz aufgeregt, denn Joachim war A&R einer großen Plattenfirma, die, die in dem alten Eierspeicher wohnt, aber leider selbst kaum welche besitzt. Eine Freundin hatte ihm von mir und meiner Musik erzählt, und nun wollte er wohl mal drüber quatschen. Zwischen Umzugskartons und Stehlampe rief ich die gesendete Nummer an. Mailbox. »Ja hey, ich bin's, Kati. Sure I wanna call, here I am, höhö, so call back! Tschö!«

Stunden vergingen, und es passierte nichts. Die Sache kam mir komisch vor, und als mir im Umzugswagen einfiel, der Absender der Nachricht könnte eveeeentuell die vernetzende Freundin gewesen sein und gar nicht der Label-Heini, wurde mir schlagartig etwas flau. Ja, genauso war es. Sie hatte von einer neuen Nummer geschrieben und mir vorgeschlagen, ich könnte den Typen ja mal anrufen … mal anrufen, mich brav vorstellen, tausendmal »bitte« und »danke« sagen, und nicht peinlich drauflospoltern, als würde der Typ seit Tagen nur auf MEINEN Anruf warten.

So begann meine Liaison mit einer der größten Plattenfirmen der Welt, und gleich vorneweg: Nein, ich habe keinen Deal bekommen.

Es lag letztlich aber nicht an der peinlichen Einstiegsperformance meinerseits, die sich dann später noch aufklärte, während ich gerade im Baumarkt in der Sanitärabteilung wühlte, sondern wohl primär daran, dass ich die Idee, eine deutsche Lana – »ich-bin-dauerbreit-und-stinkend-langweilig« – del Ray zu werden, semigut fand.

Ich schrieb mir die Seele aus dem Leib, saß im Major-Büro und präsentierte »I Need A Remedy« in der Drei-Uhr-Nachts-Demo-Version. Ihre Augen sagten »joa, geht so«, und es war klar: Chance vertan. Kein Deal, kein Fame und kein Deut besser als mein trotteliger Ex-Freund aus Kapitel 1. Ich fuhr heim und trank Schnaps, traf mich mit Freunden und pöbelte irgendwen an. Wieder zu Hause angekommen, lag ich im Flur und stellte unabsichtlich David Hasselhoffs Burger-Szene nach, nur ohne Burger. Es war wie »Summertime Sadness«, nur halt ohne Summertime.

Schon bald machte Spotify alles kaputt – Labels, Künstler, Musik – und löschte zugleich das Gefühl musikalischer Sehnsucht. Jeder Song zu jeder Zeit an jedem Ort, und als Aufschlag zu dem ganzen Elend kamen die deutschen »Gangsta«-Rapper zurückgekrochen aus den Ritzen ihrer Lächerlichkeit und etablierten unter Applaus der dümmlichen Pickel-Jugend Diskriminierung und Hass.

Musik ist tot.

Natürlich gibt's auch ein Kapitel über das zwischenmenschliche Potenzial Berlins. Vorneweg: sieht mau aus. Wenn du herkommen willst, um die große Liebe zu finden, Jefööhle, was fürs Herz: renn weg!

Berlin denkt ja, es wär eine tolle Partnerbörse, da in jedem zweiten Club gevögelt werden darf, nippelfree und unten ohne, aber dit is halt nüsch allet, und da wird's dann auch schon dünn, wenn's mal emotional deep werden soll.

Da es in dieser Stadt nebst zu vielen Clubs, zu vielen Konzerten und Partys eben auch zu viele Menschen gibt, kriegt über kurz oder lang beinahe jeder ein Problem mit dem Fokus. Ich könnte, sollte, müsste. Hierher, dorthin. Nein, doch, oooh! »Joa, der ist supercool, freundlich, hübsch, nicht doof. Aber morgen geh ich ins Watergate, da gibt's vielleicht noch einen Besseren!«

Du kriegst den Hals nicht voll, Berlin, so sieht's doch aus. Und zu allem Übel geht dabei auch jegliche Distanz flöten.

Nur weil der ungepflegte Hipster-Trottel bis vor drei Stunden im Netzhemd den KitKatClub betanzte, muss ich mich nicht drüber freuen, wenn er mich euphorisiert und restbesoffen an der Haltestelle volllallt, während ich am frühen Morgen noch ohne Frühstück aus beruflichen Gründen zum Bahnhof muss.

»Ich liebe Deine Sommersprossen und Deine Oberarme!« ... well. »Nimm mich mit, ich könnte Dein Haustier sein ...«

Alter verpiss dich!

Eine etwas angenehmere Begegnung spielte sich mit meinem »Lattenfreund« Thomas ab, den ich beim Überqueren einer Kreuzung kennenlernte. Er war eigentlich in die andere Richtung unterwegs, drehte aber um, um zu erfahren, warum das kleine Mädchen (ich) eine Drei-Meter-Holzlatte durch die Stadt trug. Von wegen Hundebabys, mit 'ner Holzlatte kommt man super easy ins Gespräch. Er verfolgte mich also und fragte schließlich, ob ich zu einer Demo ginge. Ich erklärte ihm, dass die Latte für ein Gemälde gebraucht wird und leider in kein Beförderungsmittel passt.

Er fragte dann, ob wir Tee trinken wollen, was ich aufgrund der Latte verschieben musste, das holten wir aber nach. Wir sind Freunde, und eine Latte irgendeiner Art war nie wieder Thema!

Ganz so glimpflich kam ich natürlich nicht davon, ich kaufte auch ein paar Lose bei der Lotterie, die Berlin ganz in Manier der großen Singlebörsen mit »Gewinne, Gewinne« zutapeziert hat. Jedem ist eigentlich klar, dass nur jedes tausendste Los gewinnt und alle anderen Nieten sind. »Aber hey, no risk, no fun, ich bin unverwundbar!« Mjanaja ...

Für 'ne Gesellschaftsstudie wäre es sicherlich brauchbar gewesen, diesen verkümmerten Seelen bei ihrem Eiertanz zuzuschauen, in real life war es eher unwitzig.

Wir hatten den Kleinen etwas untersetzten, eher unattraktiv mit kurzen Fingern, der die Opferrolle des Verlassenen perfektioniert hatte, um sich Mitleids-Liebe zu erschleichen. Geschmückt mit einer schönen Frau, konnte er nun darüber hinwegtäuschen, dass er tief drinnen eigentlich auf Männer steht. Eine Tatsache, die sich in Bezug auf emotionales Miteinander eher negativ auswirkte, da es irgendwie frustrierend sein muss, wenn anstatt eines Mannes eine Frau im Bett liegt. Brüste, keine Eier. Überraschung!

Dann gab es die Variante »Peter Pan«, ein Mann mit zu viel Geld, großer Wohnung und schickem Auto. Leider dauerbekifft und ohne Ahnung von Fußball. Kein Wein im Haus, dafür aber fünf Zahnbürsten. Lieblingssatz: »Mach Dir nicht immer so viele Gedanken, hey, es ist alles easy, sei mal ein gechilltes Kätzchen. Und wenn Du mal deinen Schlüssel verlierst, dann sagst Du: ›Hey voll egal, ich hab meinen Schlüssel verloren, na und?‹« Ein Held der Polygamie aus dem Lummerland, ein ganz gechilltes Kätzchen eben, was schnurrt und leckt, dabei aber leider vergisst, dass die Realität eher so 'n Hundetyp ist. So flog er wieder rein in den Lostopf, der Hedonisten-Peter-Pan, und dreht nun weiter seine Nietenrunden, bis er wieder randarf, um zugedröhnt Zahnbürsten zu verteilen.

Eins muss ich Berlin ja lassen, vielleicht war es auch aus Versehen oder ein Ausrutscher, aber diese Überraschung war nicht schlecht.

Nachdem ich die zwei Nietenlose eingekauft hatte, fand ich noch eins auf dem Bürgersteig. Ich wollte es gar nicht aufheben, denn ich war schon auf dem Weg ins Kloster. Aber gut, was soll's, dachte ich mir, als ich mit zwei Flaschen Wein in Richtung Neukölln fuhr. Neukölln! Ich bin vorher erst ein einziges Mal dort gewesen, aus gutem Grund, denn es ist bäh!

Eine Bekannte hatte mir geraten, den jungen Mann mal anzuschreiben, da er in Musik beziehungsweise MusikerInnen-Fragen der richtige Ansprechpartner sei. Ich schrieb ihn via Facebook an und bat um Rat, da ich einen Bassisten für meine Band suchte. Seine Antwort war nicht hilfreich und irgendwie durchzogen von leichter Arroganz. Ich meldete mich nicht mehr und fand ihn von da an doof.

Er schickte mir eine Freundschaftsanfrage, die ich triumphierend ignorierte. Ein paar Monate später kam eine inhaltslose Kontaktaufnahme seinerseits, so à la: »Hey, hab ich Dich nicht gestern beim Kaisers am Kotti gesehen?« Kotti? Haha, surely not!

Ich antwortete knapp, er disste meine Musik, ich fand ihn doohoooof!

Keine Ahnung, wie es dazu kam, aber wir verabredeten uns zum Essen, möglicherweise weil unsere Bekannte darauf drängte, wir müssten uns kennenlernen. Einen Scheiß muss ich, aber okaaaayyy!

Er wollte was kochen, angeben mit seinen Skills. Ich durfte wählen, also bestellte ich Fisch. Ich war mir sehr sicher, dass es eine unglaublich beschissene Idee war, dort hinzufahren. Nach Neukölln, zu einem Typen, den ich dooohooof fand, er sich aber offenbar super. Doch die zwei Flaschen Wein machten mir Mut, denn er musste ja kochen, und ich konnte in Ruhe trinken.

Als er mir die Tür öffnete, strahlte er mich an, und ich war mir sicher, er würde ein bisschen schielen (tut er nicht). Unter seinem Auge war irgendeine undefinierbare Stelle, die ich nicht identifizieren konnte. War es Dreck oder eine schlimme Hautkrankheit, auf die man ihn besser nicht ansprechen sollte? Ich fragte mal vorsichtig nach, woraufhin er sich das Gesicht wusch. Champignon-Matsch.

Der Dreck war weg und doch schnell wieder da, als wir bald beim Fußballthema waren und er sich als Schalker outete. Nach zehn Minuten gleich so was! Ein Schalker. Pfff. Ich war mir bis dato immer sicher gewesen, dass es dieses Spezies eigentlich gar nicht gibt und sie bloßer Mythos ist. Er bewarf mich später noch mit einem blauen Trikot.

Das Essen war gut, der Wein schnell leer. Und es dauerte nicht lange, bis wir in einer unangenehm nerdigen Musikdiskussion landeten, in der ich erst die Beatles degradierte und er im Gegenzug Gott (Prince). In Rage tranken wir Honig-Whisky, bis ich fast einschlief.

Ich sollte doch bleiben, sagte er, was in Anbetracht der Tatsache, dass ich müde, betrunken und in Neukölln war, eine verlockende Option darstellte. Ich schlief in voller Montur, Jeans, Shirt, und wäre vor Hochsommerhitze fast erstickt. Am nächsten Tag drückte er mir den Rest vom Pilzrisotto in die Hand, bevor ich zur Ringbahn trottete. Ich schaffte es mit der Bahn bis zur Landsberger Allee, bevor mir mein Kreislauf dazu riet, doch besser auszusteigen. Mir war kotzübel. Ich musste mich dringend übergeben, doch an jeder Ecke linste eine Kamera hervor, was mich von meinem Vorhaben abhielt, wollte ich doch nicht als »die Kotzende« auf YouTube landen.

Mit letzter Kraft schleppte ich mich die Treppe hoch und kauerte mich in den Schatten neben einen Mülleimer, die Sorte Ort, an dem des Nachts jegliche Körperflüssigkeit dringlichst ausgeschieden wird. Die Tupperdose mit dem Risotto befand sich in einer kleinen Tüte, die ich kurzerhand zu einer Kotztüte umfunktionierte. Gut gefüllt drohte sie den kleinen Abhang runterzurollen, was ich mit einem beherzten Griff gerade so verhindern konnte. Das Risotto links von mir und die gefüllte Kotztüte auf meinem Bauch, saß ich da in Berlins Mittagshitze hinter der Pissmauer an der Landsberger Allee, als ich bemerkte, wie das Kötzerchen durch ein kleines Loch in der Tüte auf mein T-Shirt tropfte.

What a day!

Die Geschichte erzählte ich später dem Schalker, der

besorgt fragte, ob diese Performance ein Statement zum vorhergegangenen Abend gewesen sei.

Quatsch! Nur 'ne Schalke-Allergie.

Die Derbys sind schwierig, und der Beatles-Prince-Konflikt ist bis heute ein Problem. Dafür haben wir gemeinsam den Lottostand abgefackelt. Well played, Berlin.

Berlin schläft nie, und wer sich hinlegt, ist out oder tot, und so verwundert es nicht, dass die gute alte Matratze immer häufiger aus den Wohnungen ausziehen muss. Zum Glück wird sie allerdings nicht entsorgt, sondern freundlicherweise der Allgemeinheit zur Verfügung gestellt. Ein Geschenk an die Gesellschaft, an den Kiez, eine ganz persönliche Gabe. Und wer kennt es nicht, da gehste spazieren, genießt Berlins gute Luft, und bist auf einmal ganz müde, weil der Hundehaufen-Slalom mal wieder 'ne echte Herausforderung war. Dann steht sie da, die rettende Matratze, was ein Glück!

Ok, es ist eventuell möglich, dass auf dem guten Stück schon mal jemand verblutet ist oder an seinem Erbrochenen erstickt, aber hey, nicht zu Unrecht heißt es: »'ner geschenkten Matratze schaut man nicht in die Fratze« oder so. Also rauf auf das verkeimte Kleinod der Freiluft-Erholung. Und nein, das ist kein Urin, das nennt man Charakter! Und wenn man möchte, dann darf man dic Matratze seines Herzens auch mit nach Hause nehmen und sich in Zukunft jede Nacht darauf betten. »Zu verschenken. Wenig gebraucht, fast wie neu. Der große blähfarbene Fleck ist ein Muster, keine Körperflüssigkeit, nein nein.«

Ja ok, Sperrmüll anmelden und abholen lassen ist in Berlin keine Option, von den aufgerufenen Gebühren kann man lieber den Feuerwehreinsatz bezahlen, nachdem man den ganzen Trödel-Bums feierlich vor seiner Haustür abgefackelt hat. Aber im Vergleich zu einem Stuhl oder einem Schränkchen will nun wirklich niemand, ich wiederhole NIEMAND, deine schweißdurchtränkte, angefüllte und mit sonstigen Körperflüssigkeiten durchzogene Wichs-Matratze mitnehmen! Niemand! Da will man noch nicht mal dran vorbeigehen, weil man Angst hat vor einer ansteckenden Krankheit oder einer Schwangerschaft. Man will auch nicht, dass der Hund dranpisst, weil er sonst womöglich sofort tot umfällt. Nimm es weg!

Und wenn es richtig scheiße läuft, dann fängt es an zu regnen, und dann ist die Matratze des Grauens nicht nur furchtbar, sondern auch noch nass. Nass und furchtbar, und dann wabbelt sie hin und her und fällt aufs nächste Auto, das in Panik die Scheibenwischer anmacht und sich so beschmutzt fühlt, als wäre es ein türkisfarbener Opel Panda, der in Hof/Bayern von einem Schlagzeuger geswaffelt wurde. (Anmerkung d. Red.: Diese Geschichte ist ein Mythos und nicht lückenlos überliefert.) (Noch eine Anmerkung d. Red.: Wer das Wort »swaffeln« nicht kennt, möge es bitte nachschlagen.)

Die Matratze swaffelt also das Auto und im Geiste so ziemlich jeden, der sie anblicken muss.

Und auch wenn es Menschen gibt, die versuchen, diese traurige Situation irgendwie aufzufangen und mit Edding »Aber ich liebe Dich doch« oder »Küss mich, ich bin ein verwunschenes Boxspringbett« auf den Stoff kritzeln, bleibt es ein Manifest von Berlins ungepflegtem Ich.

Berlin hat schon lange keine frische Unterhose mehr angezogen, geschweige denn mal neue gekauft, die nicht vergilbt, löchrig und ausgeleiert sind. Welche, in denen beide Eier Platz haben und der ganze Arsch und die nicht nach Muff riechen oder billigem Parfüm. Und weißte, Berlin, wenn's nicht mehr juckt, kannste auch einfach mal pennen gehen!

Als ich Anne kennenlernte, quälte ich mich seit Stunden in hohen Schuhen auf einem Event ohne Sitzgelegenheit. Die Einladung beinhaltete Kunst-Schnack, Drinks und Dinner und sollte Sammler, Künstler und Kuratoren vernetzen. Das Abendessen entpuppte sich leider als recht flatterig und nannte sich »flying dinner«, was mir aufgrund meines Schuhwerks eher unangenehm aufstieß. Nun ja, man quatschte sich so durch, Chichi hier, Small Talk da. Dieses Umeinanderrumgeschleime zwischen Hure (Künstler) und Freier (Sammler/Kurator) war auch diesmal kaum zu ertragen, und ich wollte schnell wieder gehen, war ich doch auch noch verabredet zum Konzert von Olli Schulz und Bernd Begemann im Astra.

Ich smalltalkte mich also so durch den Abend und versuchte, das Thema »Fußball« in die Waagschale zu werfen, um für ein bisschen Lockerheit zu sorgen. Leider passen Kunst und Fußball nur selten zusammen, denn die elitäre Kulturgesellschaft ist sich für stupides Ballspiel mit Schweiß und Gepöbel viel zu fein. Also sagte ich eher zu mir selbst, dass »mein Verein« heute gewonnen hätte und dass daher alles andere eh egal wär.

Meinen Gesprächspartner interessierte mein Geschwafel herzlich wenig, als mich von hinten jemand energisch antippte. »MEIN Verein hat heute auch gewonnen! Zu wem hältst Du?« Anne war nicht zu Späßen aufgelegt, ihre Stirn war schon ganz zornig, weil sie wohl Schlimmes erwartete.

Ich wusste, dass sie Sammlerin ist, daher wollte ich es mir jetzt nicht unbedingt verscherzen, aber was willste machen, da hat man jetzt halt einen Schuss, und der sitzt oder geht nach hinten los ... Ein bisschen vorsichtig sagte ich: »Schwarz-gelb natürlich, ich bin doch nicht bescheuert!« und beobachtete ihre Mimik ganz genau.

Ihr Gesicht entspannte sich schlagartig, und so wurde ich herzlichst gedrückt und überschwänglich mit einem lautstarken »Beevaaaauuubeeee« angeschrien.

Halleluja, ein normaler Mensch, wer hätte das gedacht? Seither sind Anne und ich verbandelt, schauen gemeinsam Fußball und treffen uns auf Ausstellungen. Und auch als Richard Edelmann sogenannte »Spirituelle Abende« in der Volksbühne abhielt, waren wir zusammen dabei. Anne besorgte uns die heiß begehrten Karten und holte mich mit ihrem kleinen Stadtflitzer ab.

Als wir an der Volksbühne eintrafen, drückte man uns zuallererst ein Dokument in die Hand, auf dem wir bestätigen mussten, gesundheitlich halbwegs auf der Höhe zu sein ... Epilepsie: nein, Verfolgungswahn: nein, psychische Probleme: nein, and so on. Ich hab alles brav verneint und bestätigt, mich in der Lage zu fühlen, an der folgenden Session teilzunehmen. So ganz sicher war ich mir allerdings nicht.

Mir kam das jetzt schon alles sehr schräg vor und irgendwie völlig überzogen und surreal. Spiritualität ist ja 'ne feine Sache, da bin ich auch vollkommen offen, aber wenn daraus 'ne Show gemacht wird, geht es in die falsche Richtung. Nun gut. Wir gingen also rein ins Theater und wurden von Herrn Edelmann und seinen elfenhaften Gespielinnen persönlich begrüßt, natürlich nicht ohne den nötigen geheimnisvollen Flüsterton und bedeutungsschweres Kopfnicken.

Auf der Bühne stand ein griechisch anmutendes Tor aus Pappmaché samt ein paar Ranken aus Plastik und sonstigem Gedöns, das auch im Halloween-Deko-Starterpack zu finden ist. Ungefähr vierzig Stühle waren im Kreis um das magische Tor aufgestellt, ein Gläschen »Wein« unter jedem Sitz. Alles war in Schwarz gehüllt, nur das »Tor zum Glück« war hell erleuchtet. Vielleicht täusche ich mich, aber in meiner Erinnerung kam ab und zu eine Rauchschwade vorbeigeflogen.

Too much for me, ganz ehrlich, come on, Herr Edelmann. Alberne Atmosphäre, als hätte er versucht, ein Spukschloss nachzubauen, wo die Türen knarren und die Eulen rufen. Bescheuert. Ich war nicht überzeugt.

Als alle TeilnehmerInnen endlich saßen, wurden stichprobenartig Leute umgesetzt. Es war mir von Anfang an klar, dass ich meinen Platz räumen musste. Bye, bye, Anne, bis später, falls wir hier in einem Stück wieder rauskommen. Ich fühlte mich wie früher in der Schule, wenn der Lehrer einen auf den freien Stuhl neben dem unbeliebten Streber platzierte, weil man zu viel mit seinem Kumpel gequatscht hatte.

Das ganze Prozedere geschah natürlich wortlos, und die Elfen schauten die jeweilige Person bloß an und deuteten mit dem Finger, bevor sie theatralisch auf den neuen Stuhl zeigten.

Herr Edelmann ergriff nun das Wort und forderte alle TeilnehmerInnen auf, man solle doch bitte den »Rotwein« trinken, der unter jedem Stuhl stand, als gemeinsames Ritual und wahrscheinlich, um direkt ordentlich einen im Tee zu haben oder um den Saufgott zu ehren.

Dream on. Hab ich natürlich nicht gemacht. Ich hatte damals auch nicht das Tic Tac gefressen, was Olli Schulz als »Droge« unter jeden Sitz im Astra geklebt hatte. So war ich also wahrscheinlich die einzig nüchterne in der Volksbühne, während die Show begann.

Es fing harmlos an, man sollte die Augen schließen, auf seine Atmung achten und sich im Geiste irgendwas vorstellen. Man sollte ins Nichts eintauchen wie in einen dunklen Tunnel. Hab ich gemacht. Hab ich versucht. Aber Herr Edelmann hat leider ununterbrochen reingequatscht, mit mystischer Stimme Anleitung gegeben und immer wieder »tiefer, tiefer rein« gehaucht.

Da war ich raus, sorry, aber wer soll sich denn so konzentrieren, aufs Nichts. Lass mich doch mal machen, und komm mir hier nicht mit Parolen wie ausm Porno! Da hatte ich schon recht früh den spirituellen Faden verloren, was ich super schade fand, war ich ja schließlich nicht zum Spaß zu so später Stunde in der Volksbühne.

Die nächste Übung stand also unter keinem guten Stern, und so tat sich bei mir gar nichts, als man alle Konzentration und Energie in seinen rechten Arm leiten sollte, den man hielt wie einen Schwanenkopf. Der Ellenbogen ruhte auf der linken Hand, der rechte Unterarm zeigte nach oben, während die rechte Hand abgeknickt war. Die typische Salt-Bae-Haltung also.

Na gut, volle Kraft in den Schwanenarm, so lange und so doll, bis er sich von selber bewegt. Hm. Da bewegte sich rein gar nix. Ich linste links und rechts zu meinen Nachbarn, bei denen die Hand schon wackelte und zitterte. Streber! Ich überlegte kurz, ob ich vortäuschen sollte, damit ich am Ende nicht der einzig Depp war, der seine Gliedmaßen anständig unter Kontrolle hatte. Und auch wenn wir vorher schon beim »tiefer, tiefer rein« waren, entschied ich mich dagegen.

Es klappte halt nicht, und man kann/sollte so was ja auch nicht erzwingen. Das sah Herr Edelmann offenbar anders. Ohne zu fragen, forderte er mich und drei weitere TeilnehmerInnen auf, auf die Bühne zu kommen, um sich in einem Rechteck aufzustellen. Kurz zuvor hatte er zwei Personen durch seltsame Handbewegungen hypnotisiert. Er war stets bemüht, sie irgendwie aufzufangen, als sie gen Boden fielen, aber das klappte nur so semigut.

Ich dachte mir, da ich im Vorfeld mit dem Nichts und dem Schwanenarm ganz offensichtlich schlecht performte, wird er mir jetzt keine tragende Rolle zuweisen. Das wär ja wirklich nicht schlau von ihm … Aber ich hatte schnell den Eindruck, dass sich Spiritualität und Ego-Probleme auch nicht ausschließen. Der erste Kandidat unseres schönen Rechtecks fiel schnell, etwas unelegant, aber es machte einen eindrucksvollen Rums. Dann war ich dran.

Herr Edelmann nahm mich an der Hand, setzte einen bohrenden Blick auf und fuchtelte mit dem Arm über meinem Kopf rum. »Schau auf meine Hand. Schau auf meine Hand!«

Ja, Satan.

Ich fand's unmöglich. Er wollte jetzt die große Show machen, allen zeigen, wie geil er ist. Dass der Zwei-Me-ter-Mann das kleine Mädchen nur mit Gedankenkraft umsäbeln kann und sie dann wahrscheinlich vor allen Leuten auf den Arsch kracht, weil die Chose dem großen Meister ab dem Körperspannungsverlust vollkommen latte ist. Bei »Baum fällt« ist der doch schon beim nächsten.

Ich dachte mir, erst fragen, dann hypnotisieren, Freund-chen, so nicht!

Er fing ein bisschen an zu schwitzen, denn sein Rum-gewedel über meinem Gesicht zeigte keine Wirkung.

Womöglich auch, weil ich derweil innerlich ein paar Fußball-Lieder sang. »Heja BVB, heja BVB, heja heja heja BVB.« Vielleicht hörte er es ja auch, man weiß es nicht.

Schon etwas unsicher, fragte er mich, ob ich denn ent-spannt sei, ich müsse mich entspannen.

'nen Scheiß muss ich. Ich hab innerlich 'nen Schlafan-zug an, was soll der Mist?

Er lotste mich dann durch das Tor, weil er offensicht-lich dachte, das Pappmaché würde diesen Kampf zwi-schen uns irgendwie unterstützen, aber auch ein bisschen hingestümperte Bühnenrequisite hilft da nicht, wenn du unhöflich und übergriffig mit dem Geist anderer Leute umgehst. Meister Edelmann war gescheitert. An Fußball-Liedern. Zu Recht.

Die Luft war raus, er schickte mich leicht grantig zurück auf meinen Platz und ging schnurstracks zur nächsten Kandidatin, um nun bei ihr rumzufuchteln. Die fand unser krampfiges Tänzchen wohl auch eher unsexy und sagte sofort »Nope« und setzte sich. Herr Edelmann musste sich sammeln und murmelte irgendwas von wegen, »man solle sich nicht verschließen, blabla«.

Ich glaube, ich hatte die ganze Veranstaltung ein bisschen gecrasht, aber immerhin hatte ich so keinen Filmriss und auch keinen blauen Fleck am Po.

Im Grunde gibt es nicht viel Schlimmeres als Berlin im Winter. Das, was zuvor noch bunt und maßlos war, ist jetzt grau und bleich. Der Techno-Berliner packt die Nippel ein, sucht ein bisschen Wärme am Zigarettenstummel und löst sein MDMA nun lieber in Kamillentee auf. Die Stadt transformiert sich zu purem Beton, das Grau ist greifbar, und die Lethargie bedeckt wie feine Asche jeden Zentimeter. Man wickelt sich ein und rupft jegliches Kleidungsstück aus dem Schrank, damit der miese Ostwind keine Ritze findet, um an der Haut entlangzukrabbeln. Nur die Hipsterkids trotzen dem Frost und halten stoisch ihre unbedeckten Knöchel in den Wind, als wär's nix.

Wer sich das wohl ausgedacht hat? »Heute mach ich Muddi richtig wuschig. Ich geh ohne Socken!« What a statement, bro ... Und die Girls kaufen dann wieder ihre Jacken in der Kinderabteilung, damit auch bloß kein Zentimeter ihres Hinterteils verdeckt wird, und jammern dann alle halbe Stunde über die nächste Blasenentzündung. Da frierste schon beim Zugucken, während man selber in seine Bettdecke gewickelt völlig uncool und bewegungsunfähig dran vorbeihuscht.

Gehört man nicht zu dieser kälteresistenten Knöchel-Spezies treibt einen der Berliner Winter traditionell in ein furchtbares Dilemma. Dann wird es deutlich: Mann oder Maus, Frau oder Frettchen – Bettdecke oder Bikini.

Irgendwann kommt der Tag, an dem man seine Stil-sicherheit und jegliche modische Ehre aufgeben muss. Es ist ein trauriger Tag, man ist enttäuscht von sich selbst, mag nicht mehr in den Spiegel schauen und vermeidet jedes Schaufenster, das einem das eigene Michelin-Männ-chen-Antlitz womöglich vor Augen führen könnte.

Ja, ich mag es kaum aussprechen, aber auch Strumpf-hosen sind im Spiel. Strumpfhosen! Greift man zu diesem Beinkleid, das Robin Hood einst salonfähig machte, ist alles verloren, und man muss sich eingestehen, dass man ein Lurch ist. Kein Krieger, kein wilderman, nein, nur ein Lurch, dem die brutalistische Hauptstadt eine Strumpf-hose angezogen hat!

Und irgendwann wird man sich wohl letzten Endes das Genick brechen beim Versuch, den Schal auszuzie-hen, den man sich um den ganzen Körper geschnürt hat, beginnend am Hals und endend in der Unterhose. Ein Trauerspiel.

Und die Kids lachen (und husten) derweil und reiben ihre nackten Knöchel aneinander, während sie Obdach-lose anzünden, in der Hoffnung, dieses Feuer würde auch in ihrem Inneren ein bisschen was zum Glühen bringen. Die U-Bahn-Station brennt. Mal wieder. Und es wird für kurze Zeit warm und hell.

Winter in Berlin ist nicht nur grau, sondern auch schwarz. Die Nacht beginnt um sechzehn Uhr, der Tag ist rum, und keiner sieht mehr deine Knöchel. Stattdes-sen kommt jede schaurige Gestalt schon am Nachmittag aus ihrem Kellerloch gekrochen und belegt den Pfandflaschenautomat zur Feierabendzeit! Zur Feierabendzeit! Ja isses denn!

Sapperlot!

Der kurze Tag treibt die Menschen wie Vieh in einem kleinen Gehege zusammen, der Auslauf fehlt, zudem Vitamin D3. Alle sind scheiße drauf, die Bahnen voll und die Straßen glatt. Nur die Touristen sind immer noch fröhlich, was alles noch viel schlimmer macht. Es wird auch nicht heimelig, überall nur LED, und der Weihnachtsmann ist dürr. Das, was als Adventsbeleuchtung angeschraubt wird, ist in etwa so liebevoll wie ein Tritt in den Arsch: weiße Drahtkugeln gefüllt mit blauen Lichterketten. WTF? Daraus haben sie dann noch einen Baum gebaut. Da haste 'ne Strumpfhose an und bist umgeben von Beton und schwarzem Sandstein, und die bringen Drahtkugeln mit blauem Licht?

»Also machen wa klassisch, Tannebaum, rote Schleifen, wa?«

»ODER Herbert, wir machen Drahtkugeln mit blauem Licht, na, na? Mal was Freches …«, sagte er und verschwand in die Nachmittagsnacht, natürlich sockenlos.

Der Sommer ist schön, voller bunter Kisten,
doch nicht in Berlin, hier gibt's nur Touristen.
Dicke Männer ziehen blank,
der Schweiß tropft von den Achseln,
bist du klein und fährst gern Bahn,
hast du die Arschkarte gezogen, denn dann stehst du genau drunter unter dem Stinkerotz und musst zusehen,
dass du dir keine Krankheit einfängst!

Die Geschichte des Berliner Sommers ist schnell erzählt:
Sommer da, Stadt voll. Und Ende.

Den kleinen kümmerliche Rest von Berlins Hippie-Herz findet man vor allem im Bezirk Friedrichshain. Hier gibt's viel Secondhand, Veganes und 'ne Menge Ommm. Auf der Straße liegen durchgespielte Tantra- und Slow-Sex-Ratgeber zum Weitergeben, und der Begriff »Laisser-faire« wird hier großgeschrieben. Friedrichshain ist ein eigener kleiner Kosmos, das Gallien Berlins, was vor allem auch daran liegt, dass es mit öffentlichen Verkehrsmitteln irgendwie schlecht zu erreichen ist. So bleibt den Leuten da eigentlich gar nichts anderes übrig als viel zu meditieren, zu kiffen oder Yogastudios zu eröffnen. Oder man übt sich halt ausgiebig in Slow Sex, was der Grund sein könnte, warum in Friedrichshain das Vorkommen von Kitas und »Kunterbunt«-Läden spürbar hoch ist.

Wer's nicht so gerne gechillt mag, der stiefelt regelmäßig die Rigaer Straße auf und ab, sammelt Pflastersteine und wartet auf die nächste Gelegenheit, Bullen zu verdreschen, die ein besetztes Haus räumen müssen, weil das halt jetzt der Schnulli aus München gekauft hat. Ebenfalls nichts für den Ruhepuls-Liebhaber ist das Sauf- und Fressareal rund um den Boxi und das Anarcho-Paradies vom RAW-Gelände. Letzteres ist bekannt für einseitige Kommunikation à la: »Dope?«, »Want some weed?« oder »Ich werde Dich jetzt abstechen.« Und wenn du dann dort blutend auf der Straße liegst und das Letzte, was du siehst, die Mark-Forster-Plakate sind, dann weißt auch du, dass Berlins Hippie-Herz in Wirklichkeit ein Klumpen Kot ist, den sich die Schwarz-Klamottigen im Berghain gern pulverisiert durch die Nase ziehen. Wohl bekomm's!

Ankunft verspätet

Gesundbrunnen, Insel der Jugend, Hasenheide. Berlin muss das Paradies sein, Wellness, SPA. Die Stadt ist ein einziges Versprechen.

Voller freudiger Erwartung fährt man dann also hin zum Gesundbrunnen, hat den Bademantel und die Hotelschlappen eingepackt und die Thermosflasche, um Berliner Quellwasser abfüllen zu können.

Dann sitzt man gammelig in der U8, die Knie der Jogginghose sind ausgestellt, die Augen müde. Doch gleich, gleich wird alles anders, alles neu, jung und fresh! Dann steigt man aus beim Gesundbrunnen und wird womöglich eine Lagune betreten, nachdem man die U-Bahn-Station verlassen hat. Zugegeben, dieses in den Untergrund geschaufelte Betonrohr taugt nicht unbedingt als Entrée zur vermeintlichen Detox-Oase, aber womöglich soll hier der Spannungsbogen bis aufs Äußerste strapaziert werden, damit der große Knall, das Pow-Pow, das »Aaaaahhh« noch intensiver wird! Clever, Berlin, Du Fuchs, Du!

Man kann es förmlich schon spüren, wie man den großen Zeh in ein wohlig warmes Solebad popelt, wie man in der Floatingkugel Meditationsmusik genießt und sich frisch gepressten Grünkohl-Bananen-Saft direkt in die Vene pumpen lässt, während der Brunnen im Zentrum fröhlich gesegnetes Quellwasser emporsprudelt. Der Healthy Palace ist greifbar nah, nur noch ein paar Stufen …

Da! Da! Hier muss es irgendwo sein! Hektisch läuft man auf der S-Bahn-Brücke auf und ab, die Jogginghosenbeulen klappern im Wind, und der geklaute Bademantel ausm Hotel »Altes Gymnasium Husum« weht im Luftstrom der S2! Ein Segel will er sein, bläht sich auf und flattert um sein Leben!

Denn eine LÜGE ist es! Lüüügeeeeee! Alles Lüge! Kein Brunnen, und niemand hier ist gesund. Alles röchelt und schnieft und zieht ein Hinkebein nach. Ein dreibeiniger Hund, eine einbeinige Taube, eine andere kann nur noch sitzen. Es fleucht und kriecht, Plastiktütenmeer. Nix Dampfbad oder Fango-Packung, nix Vitaminbar oder Ruheraum. Hot Stone ist hier nur der Asphalt und die verbrannte Bullette von der Imbissbude. Hält man sich zu lange auf, am Gesundbrunnen, schrumpfen die Zellen, und die Haare werden grau. Das ist ein Mythos, den ich gerade erfunden habe und hiermit von nun an in die Welt hinaustragen werde. Möglich ist es allemal.

Aber was noch viel schwerer wiegt, ist doch die Tatsache, dass Berlin eine irreführende Lügnerin ist, die jeden täuscht. Ein Fall für den Verbraucherschutz, eine Mogelpackung. Berlin lädt bei Tinder Fotos von Naturschönheiten hoch und schreit »Mein Schatz!«, wenn du nach rechts swipest. Denn eigentlich ist Berlin Gollum, nennt sich aber Julia oder Robert, manchmal auch beides.

Und dann wird gesäuselt: »Schöneweide, Schönhauser Allee, Schönleinstraße, Schöneberg, Schönholz, Schönfließer Straße …«

Nichts! Aufhören! Schluss damit!

Doch Berlin hört nicht auf, flüstert: »Engelbecken, Humboldthain« und beißt dir irgendwann den Finger ab, wenn du versuchst, dir die Ohren zuzuhalten.

Und dort, wo dein Blut gen Boden tropft, wird das nächste Ring-Center entstehen mit dem verheißungsvollen Namen »Hobbitgarten«.

Berlin als schlaflose Zelle des Höher-Schneller-Weiter ist mit einem Wort zusehends immer wieder völlig überfordert: Loyalität.

Verbindlichkeit, Ehrlichkeit, Verständnis – findet die Hauptstadt im Zwischenmenschlichen eher ungeil. Friendship, yeah! Aber bitte nur, solange es nicht den eigenen Flow stört. Man hat es nicht gern unbequem in Berlin, und wenn ein Freund den eigenen Party-Plänen in die Quere kommt, ist echt 'ne Grenze erreicht. »Nee, sorry, ich kann mich nicht um Dich kümmern, tonight I wanna be the last man standing, yeah!«

Ok, möglicherweise ist es etwas übertrieben, dass man als Frau des Nachts nicht so gern allein in der U1 von West nach Ost fährt und sich eeeetwas unwohl fühlt, wenn der nach Verwesung duftende Typ in der zerrupften Bomberjacke gern Augenkontakt hätte, während die zwei Halbstarken gegenüber die neusten Bumsmethoden-Trends besprechen und gern 'ne Meinung hätten. Na klar, kein Ding, ist doch schön, wenn man miteinander kommuniziert.

»Nicht in jeder U-Bahn wartet des Nachts ein Triebtäter«, sagte mein Kumpel, der sich von meiner Bitte um Heimweg-Begleitung gestört fühlte. Ja, möglich, aber Triebtäter-Roulette halte ich persönlich nicht für das beste Hobby. Aber hey, dit is Berlin, Party geht vor! Regel Nummer eins!

Und auch sonst stößt man schnell auf Beton, wenn man Freundschaft bisher durch die oben genannten Begriffe definiert hat.

Verbindlichkeit, Ehrlichkeit, Verständnis brauchste nicht erwarten, hier weht ein anderer Wind, der Geh-mir-nicht-auf-den-Sack-Wind. Die Berliner Freundschafts-definition geht anders: Zusammen Kaffee trinken, Bier trinken, Partys, Konzerte, essen. Dann wird viel von sich erzählt, Projekte, Kohle, Weiber, Kerle und was man fürn Stress hat. Am Ende sagt man Tschüssi und hat soeben wieder Stunden seines Lebens pulverisiert, weil eben nichts bleibt. Das Herz hat sich ausgeklinkt, als zum ers-ten Mal das Wort »Projekt« oder »Event« fiel, und dass die neue Idee jetzt wieder einmal der »geilste Shit ever« wird, ist nicht überraschend.

Und auf der anderen Seite sind da die stinkreichen Deppen, die mit irgendeinem Mist an viel zu viel Geld gekommen sind, das sie jetzt in Protz-Zeug versenken. Grottenschlechte Kunst, affektierte Reisen, teuerste Spiri-tuosen, aber meinen, sie wären im Herzen Punk geblieben. Nope, biste nicht. Nur weil du dich kleidest wie ein Zottel und ein paar Band-Shirts im Schrank hast, biste halt trotz-dem nur ein Schnösel, der den Schwanz einzieht, wenn es nötig wär, mal das Maul aufzumachen.

»Jetzt ist's grad schlecht«, sagt Berlin, während es im Nippel-free-Netzhemd ins Berghain rennt.

Und dann stehste da, angeschmiert, denn du willst gar nicht ins Berghain, und deine Nippel behältst du gern für dich, du willst auch nicht in Kotze tanzen mit Glitzer im

Haar, von der Wange eines anderen. Du willst einfach nur ein paar Perlen um dich haben, die dir versprechen, dass sie dich aufsammeln werden, wenn Berlin dich nach langem Kauen schließlich auf die Warschauer Straße spuckt. Stattdessen hörst du nur ein kreischendes »Huuuuuiiiii« und blickst mit verklebten Augen auf die nackten Arschbacken der »Unverbindlich-Bande«, die mit Gürteln aus schwarzem Glas an dir vorbei zum nächsten großen Ding rennt, um sich irgendwie definieren und legitimieren zu können. Aber letztlich wird es ihnen auch nichts helfen, denn Eintritt ist nur mit Arsch in der Hose, und ohne Hose wird das alles nüscht.

Berlin ist zu bemitleiden, denn sein Acker ist nicht viel mehr als ein Trümmerberg, auf dem Pflänzchen ihre Wurzeln nicht tief in satte Erde eingraben können, sondern schon bald auf Keramikscherben treffen, die keinen Halt geben. Es ist nichts von Dauer, und die nächste klirrende Ostwindbrise weht die kleine Freundschaftspflanze weg samt der zerbrochenen Badkachel, an die sie sich endlos klammert.

Doch Berlin findet das ok, die nächste Pflanze wird schon kommen, und wenn sich Schutt und Asche nach und nach großzügig verteilen, ist das doch ganz wunderbar. Doch die Kacheln werden nicht blühen, und es wird auch niemand kommen, der daraus wieder ein elegantes Badezimmer bastelt.

Wäre es nicht schön, wenn jemand am anderen Ufer des Sees auf dich wartet? Not my captain.

»Die mauern wir weg« ist nicht nur eine beliebte Taktik beinahe jedes Gegners des Kackvereins ausm Süden, sondern definierte zudem in den Sechzigern das Schicksal Westberlins. Die ehemalige DDR mauerte sich ein und Westberlin aus oder umgekehrt – je nach Perspektive. Die Berliner Mauer ist das Manifest der damaligen Trennung von Ost und West, und als ich vor siebzehn Jahren das erste Mal in die geschundene Hauptstadt kam, spürte ich noch den Schmerz, den diese Betonlinie über fünfundzwanzig Jahre lang ausgelöst hatte. Es hing eine ganz spezielle, tief berührende Magie in der Luft, die einen innehalten ließ, während man dankbar war für Freiheit und Frieden. Dieses geschichtliche Knistern lockte mich, ich wollte dort sein, wo das Drängen am stärksten gewesen war. Die Überwindung dieser Begrenzung, dieser scheinbar ausweglosen Situation faszinierte mich und zog mich an, und bis heute staune ich über die Bilder von damals, als nach gefühlt endlosem Ringen diese Wand friedlich fiel.

Ich hoffe wirklich sehr, dass es nur mir so geht, aber ich fühle nichts mehr. Die Mauer ist weg, denn inzwischen hat jeder dusselige Tourist ein Stückchen davon in irgend'nem Ampelmannshop gekauft und seinen dusseligen Verwandten mitgebracht, klar ist sie weg. So was von weg, und das, was an der Bernauer Straße und um die Ecke vom Eierlager an der Spree noch übrig ist, ist inzwischen nicht viel mehr als ein bloßer Selfie-Hintergrund. Die Mauer als Mahnmal, aber vor allem als Denkmal für Mut, Freiheit und Frieden ist verblasst. Stattdessen ist sie zurückgekehrt zur dunklen Seite und ist still und heimlich als graue Gedanken in die Köpfe und Körper der Menschen gekrochen. Das Hirn eingemauert und dem Herz mit Beton die Sicht versperrt.

»Sie verlassen jetzt den menschlichen Sektor …« Da hüpfen se alle gern über den Stacheldraht. Mut, Freiheit, Frieden – alles out, will man nicht mehr, braucht man nicht mehr. Bananen isst auch kein Mensch mehr, denn es gibt Smoothies und Shots aus der Plastikpulle.

Würde man mal mit Ruhe und Verstand den alten Mauerstreifen Richtung Nordbahnhof entlanggehen und statt in sein eigenes Selfie-Gesicht mal in die Gesichter der Menschen blicken, die ihr Leben für die Freiheit riskierten und hergaben, würde man vielleicht begreifen, worum es hier wirklich geht.

Die Fotos der Gestorbenen sind auf Platten gedruckt, zwanzig mal dreißig Zentimeter, das Todesdatum dazu. Wenn der Wind weht und sich durch die schmalen Zwischenräume an den Platten vorbeizwängt, dann singen sie herzzerreißend. Doch wie soll man das wahrnehmen, wenn Berlin seine Geschichte so schäbig verkauft? Wenn nichts mehr bleibt außer instagramable Gepose und »Ich war da«? Hauptsache, die Stadtkasse klingelt, denn Berlin ist ja »arm, aber sexy«.

Nee, Berlin, Du bist nur noch arm, ganz arm dran biste mit deinem ganzen Pseudoscheiß.

Weißensee ist einer dieser Stadtteile, in dem niemand ist, der dort nicht wohnt.

Klingt traumhaft? Jaaaa schoooon, aber nee. Denn Weißensee hätte gern, wäre gern … Eigentlich schön zentral, aber so weit entfernt von Hotspot wie Dahlem von Jungbrunnen. Was ist da schiefgelaufen? Immerhin haben sie den kleinen possierlichen namensgebenden See, den man in fünf Minuten umwandern kann, bevor man sich ein Paddelboot mietet, um sich im Rudel von Süd nach Nord treiben zu lassen. Beinahe kreisrund ist das Gewässer und wirkt auf Berlins Karte eher wie ein Einschussloch oder ein Kraterchen aufm Mond.

Apropos Mond … Da ist ungefähr genauso viel los wie in Weißensee. Man fährt halt ab und zu mal durch, weil man zu irgendeinem Baumarkt muss oder weil wieder irgendeine Atelier-Kommune eine undergroundige Ausstellung macht. Weißensee ist irgendwie vergessen worden bei all dem Hype, es gammelt so vor sich hin und winkt ab und an, damit es gesehen wird und zumindest mal den Slogan »Weißensee kommt!« abgreifen kann.

Aber sorry, nein. Beim Wedding glaubt's ja auch keiner mehr, da ist nix zu machen. Also wurschtelt jeder so vor sich hin und ist einfach froh, dass Weißensee nicht in Lichtenberg ist und dass der jüdische Friedhof noch zum Bezirk dazugehört, wegen Jeschichte und so.

Der große verwunschene Friedhof, dessen Eingang man nicht findet, und falls doch, man darin verloren geht. Bis zu den Knien liegt dort das Laub, tausend Wege, Nord – Süd – Ost – West, doch der Ausgang ist versteckt. Kiesel auf Stein zum Türmchen hochgebaut. Umgekippt, mit Moos bedeckt, das Fallen hallt noch immer nach. Möglich, dass der kleine Bezirk diese Schwere nicht erträgt, gelähmt ist und gehalten, so dass er nie »im Kommen« ist, sondern eben stets verweilt.

Vorneweg: Ja, mir ist bekannt, dass auch ich keine Ur-Berlinerin bin. Mit dem, was ich heute weiß, noch nicht mal eine Möchtegern-Berlinerin. Ein zugezogener Wessi, der Berlin ganz offensichtlich bis heute nicht verstanden hat. Und womöglich sind ich und die ganzen anderen armen Seelen, die Berlin hergelockt hat, auch nicht unschuldig an dem, was diesen Ort seit Jahren zusehends zu einer Geisterstadt transformiert. Nicht ohne Grund stieß ich nach meiner Ankunft schnell auf aussagekräftige Graffiti wie »Berlin schwabt über« oder »No more Rollkoffer«. Ich hatte Verständnis, Schwaben reden komisch, sind überall und haben mit Rock 'n' Roll so viel am Hut wie RB Leipzig mit Fußballtradition.

Diese seltsame Kombi hat sich mir nie erschlossen, und ich habe mich stets ferngehalten von dieser beäugten Minderheit. Doch schon bald kauften die Dialektösen aus dem Süden alle Wohnungen auf, die billig und sanierungswillig waren. Klammheimlich wurden die Hotspots verschwabt oder mit Vorhängen aus bayerischem Rautentuch versehen. Die Studenten waren am Arsch und konnten sich die fröhliche Trubelbude am Boxi geschmeidig abschminken, denn der schmale Taler reichte nicht mehr für ein Zimmer mit KüBa.

Stattdessen kauft der Münchner Penner gleich das ganze Haus samt Gewerbeeinheit im Erdgeschoss, in dem

Käthe und Heinrich seit dreißig Jahren die Traditions-
bäckerei »Schwiems Backwaren« betreiben und immer
die Pakete für die WG gegenüber annehmen, weil da vor
vierzehn Uhr eh keiner wach ist. So, das war's dann für
Käthe und Heinrich, schon bald werden sie weggeschnö-
selt, damit »Zeit für Brot« einziehen kann und dreimal so
viel Miete in die Münchner Tasche zahlt. Kein Problem
bei gefühlt vier Euro pro »Semmel«.

Der Hipster findet's töfte, denn das Branding ist fresh,
und die Tüte passt gut zum Pappbecher von The Barn.
Käthe und Heinrich kannten den Kiez, waren Treffpunkt
für Jung und Alt, ok, vor allem für Alt, aber ist doch
gut gewesen. Ronny kam täglich, kaufte die Zeitung und
drei Schrippen. Manchmal auch einen Pfannkuchen, wenn
der Enkel kam. Mit Marianne lief es nicht gut, jeden Tag
packte sie ihre Sachen, wenn Ronny trank und sich im
Selbstmitleid verlor. Jetzt steht Ronny bei »Zeit für Brot«
und will dünnen Kaffee trinken, mit Käthe über Marianne
sprechen und für fünfzig Cent einen Pfannkuchen für
Jonas kaufen mit Rieselzucker obendrauf, nicht Zucker-
guss!

»Sorry, man«, hört Ronny, während er vom Beanie
tragenden Bartmann weggeschoben wird.

In den Holzregalen liegen Brote mit 'ner Kruste, wie
gemalt, es riecht frisch gebacken, doch Pfannkuchen gibt's
keine. Wie soll er das jetzt Jonas erklären? Und dass die
Stadt zerbricht, Investoren alles aufkaufen und Tradition
und Menschen wegfegen? Den Münchner juckt das nicht,
er weiß ja sonst nicht, wohin mit der Kohle, und Berlin

ist noch immer nicht müde, in den Köpfen der Menschen das Manifest der Sehnsucht zu spielen.

So gibt es immer noch genug Dumme, die dem Südling horrende Summen zahlen, um dabei zu sein, wenn nur noch lauwarmes Wasser durch die Adern der Stadt fließt, nachdem diese bereitwillig ihr eigen Fleisch und Blut langsam hat abtragen lassen. Und ich bin definitiv nicht der Stammkneipentyp oder jemand, der beim Bäcker private Sorgen bespricht, und schon der Schnack mit dem Spätkaufkassierer bezüglich meines Rotweinkonsums war mir too much. Die Anonymität der großen Stadt empfand ich immer als recht angenehm, so konnte man in der U-Bahn heulen und sich vor der Haustür streiten, ohne dass man im Gedächtnis blieb. Doch als gleich zwei meiner gastronomischen Anlaufpunkte beinahe zur selben Zeit der Gier des neuen Hauseigentümers zum Opfer fielen, war ich schon betrübt. Vor allem wenn man bedenkt, dass das eine Lokal nach einem Jahr Leerstand immer noch keinen neuen Mieter gefunden hat und in die anderen Räumlichkeiten ein seelenloses Galeriedings einzog, das Schwarz-Weiß-Fotos zeigt, die keinen interessieren.

Der Kiez stirbt, und das auch, weil gefühlt jede zweite Wohnung mit Hilfe von Airbnb and friends dauerhaft an Touristen vermietet wird, die mit ihrem ganzen Englisch-Gequake nur noch nerven, bis spät in die Nacht aufm Balkon (Balkon? Wer hat hier einen Balkon? Frechheit!) feiern und dann ihr Koks aus Versehen fallen lassen, sodass es bei der alten Dame ein Stockwerk drunter landet. Die wiederum kriegt Schiss aufgrund des weißen Putschies und zieht weg, wieder ein Stück Berlin hinfortgekokst.

»Hey hi, do you know a cool bar 'round here?«

»Yes, sure, the ›Fuck Off Bar‹, at Rhinstraße Lichtenberg, it's like Berghain and KitKatClub but with clothes on, it's the newest shit. If you meet Käthe und Heinrich, say hi.«

Flaniert man sinnierend durch Berlins Straßen, fühlt man sich nicht selten wie ein All-inclusive-Gast irgendeiner billigen Hotelkette, der soeben über das angegammelte BUFFETTT (für die feinen Leute: Büffeeeee) trampelt. Denn wenn Berlin eins nicht kann, dann ist es respektvoll mit Essen umgehen! An jeder Ecke liegt irgendwas rum, ein Brötchen, Kekse, eine volle Box asiatischer Nudeln (Stäbchen inklusive), eine ganze Wassermelone, ein Laib Brot, eine Tüte mit vier Laib Brot – es bleiben keine Wünsche offen, es ist alles da. Manchmal hat man schon beinahe Angst, die Bullen würden einen aufgreifen, weil man gerade verbotenerweise containert … Erst neulich lag ein Stück Pizza mitten auf dem Gehweg … Was muss man für ein Unmensch sein, wenn man ein ganzes Stück Pizza einfach fallen lässt? Wenn man überhaupt Pizza im Gehen isst? Irgendwann ist auch mal gut, es gibt Grenzen! Barbaren!

Vielleicht sind die Berliner beziehungsweise die sich in Berlin Befindenden irgendwie schwach auf der Brust, so schwach, dass sie nicht in der Lage sind, ein Brötchen festzuhalten. Gut, mindestens die Hälfte vom unbelegten Weißbrot, der Kekse und der Laugenbrezeln geht allerdings ganz sicher auf die Kappe erboster Kleinkinder, die keinen Bock mehr haben, von Mutti durch Einschub eines Gebäckteils ruhiggestellt zu werden. Das ist dann stiller

Protest, das muss man akzeptieren, und Dackel Klaus von nebenan freut sich und kann so mit Hilfe der lütten Grantler noch fetter werden. Hurra! Und die, die ihren Fraß womöglich aus Unwohlsein wegschmissen, setzen direkt nebendran ein Erholungskötzcherchen, in dessen Pfütze Klaus dann 'ne Rolle drehen kann und sich das handgestrickte Mäntelchen ruiniert.

Ständig latscht man irgendwo rein, 'ne Tüte Hack hier, gekochter Spinat dort, was hat es damit auf sich? So was verliert man doch nicht mal eben so? »Hui, jetzt ist mir doch heute tatsächlich die Portion Spinat aus der Hosentasche geflutscht, als ich den Schlüssel rausholen wollte … na ja egal, Klaus macht das schon.«

Ernsthaft, Leute, anderswo herrscht Hungersnot, und ihr seid zu deppig, euren Döner festzuhalten? Das einzige Ding, das euch Seelenlose noch glücklich machen kann, fällt euch aus der Hand? Ihr lasst es zu, dass die liebevoll gestopfte Fleischtasche zu Boden kracht, die Zwiebelringe rollen und die scharfe Sauce zwischen die Pflastersteine rinnt? Und dann lasst ihr sie liegen, allein in der dunklen Nacht, schert euch einen Dreck um Döni und um Klaus, der nach dem Zwiebelverzehr mit Chili-Sauce wieder 'ne Brennwurst an den nächsten Baum setzt, bevor er die ganze Nacht Lautlose zischelt. Unmenschen seid ihr, Unmenschen! I'm out.

Im letzten Jahr habe ich ein wildes Experiment durchgeführt: home alone at Christmas. Nix Familie, nix Freunde, nix Schalker. Nur ich und der Hund. Erzählte ich öffentlich von meinem Plan, erntete ich zumeist pures Entsetzen und Panik. An Weihnachten allein? Da könne man sich ja direkt 'nen Strick nehmen ... Ich hingegen hoffte vor allem auf eins: Stille, Ruhe und keine Menschenseele unterwegs, weil alle Zugezogenen und Touris zu ihren Familien fahren. Ich dachte, Berlin und ich könnten vielleicht in zweisamen Stunden beziehungsweise Tagen wieder zueinanderfinden, die besinnliche Stimmung nutzen, um den anderen wieder wertzuschätzen, wieder wahrzunehmen. Der Hund und ich blieben also allein zurück, der Kühlschrank war vollgestopft, und es war für jeden möglichen Hieper vorgesorgt. Das Mitmenschen-Detox konnte beginnen ...

Von wegen.

Berlin hatte entgegen meiner Erwartung kein exklusives Date mit mir in den Kalender eingetragen, sondern umarmte weiterhin freudigst die Massen. Die Leute gingen einfach nicht weg, es kamen sogar extra noch welche angereist, um kurz vorm Fest die Berliner Weihnachtsmärkte zu fluten und wieder irgendeinen Hauptstadtnippes zu erbeuten, diesmal eben im Weihnachtsgewand. Dabei muss dringend eins gesagt werden: Der Berliner

Weihnachtsmarkt per se ist ein Taubenschiss im Vergleich zum muckeligen »Zauberdorf« in irgendeiner Kleinstadt. Da, wo es sonst nix gibt, ist dieses Happening nämlich der real shit, da wird sich noch Mühe gegeben, Handarbeit von Omi verkauft oder selbst gemachter Eintopf, alles mit Liebe. Und auch die Spirituosenhütten zeugen von Herzlichkeit, und man kann ohne vorhergegangene Schubserei ein bisschen flüssige Heizung bestellen.

In Berlin läuft das anders, da bekommt das Besäufnis zum Feierabend in der Winter- und Vorweihnachtszeit eine gänzlich neue Bedeutung. Man trifft sich dann nicht mehr in 'ner schicken Bar und säuselt sich drei, vier überteuerte Gin Tonis rein, sondern macht stattdessen eine heimelige Lagerfeuer-Nummer draus, wenn man sich auf einen (... haha) Glühwein verabredet. Dann stehste da am Alex und frierst dir den Arsch ab, während du in krippenähnlichem Ambiente lauwarmen Fusel aus 'nem Stiefel trinkst. Der Becherpfand kostet drei Euro, weil das als Rentier verkleidete Ausschankpersonal ernsthaft davon ausgeht, man wünscht sich diese Geschmacklosigkeit als Steh-Rümchen im Regal oder möchte jeden Morgen seinen Kaffee aus dem Stinketreter trinken, der einen stets daran erinnert, dass man beim »Berliner Budenzauber 2015« ordentlich blau gewesen ist.

Denn das ist das Ziel: Trunkenheit am Feuer, Kopp in the name of love, das Leben ist ein Punschkonzert, tanze Lumumba mit mir – tanze Lumumba die ganze Nacht. Und dann ist es dir auch irgendwann egal, dass das Rentier eine Bayern-München-Mütze trägt und nebenan jemand in die Wilde Maus kotzt. Dann nimmst du die Beine in die Hand und deine fünf Stiefelchen und tänzelst dich in irgendeine U-Bahn. Und am nächsten Morgen trinkst du Budenzauberkaffee mit Aspirin, bevor du zur Arbeit gehst und deinem Kollegen sagst: »Ich sterbe, Josef.«

Da ich dieses Prozedere aus Erzählungen kenne, habe ich mich natürlich ferngehalten von Rentieren und Stiefeldrinks jeglicher Art, stattdessen bin ich an Heiligabend zum ersten Mal in meinem Leben zur Mitternachtsmesse geschlurft.

Ich hoffte auf ein bisschen Unterhaltung und Herzenswärme in der Shabby-Chic-Kirche um die Ecke. Hier blättert schon seit Jahren der Putz von Decke und Wänden, und man sammelt eifrig Spenden, um das beheben zu können … Sagt man. Passieren tut nix, was auch nicht wundert, denn so ist die Kirche hip, leicht angebröselt und used, so wie es sich gehört in Berlin. Und ganz zufällig stehen an gefühlt dreihundert Tagen im Jahr Filmcrew- und Catering-Autos davor, die diesen Look und diese Realness für die nächste Folge »Irgendwas mit Berlin« einfangen wollen. Die Kirche macht sich in gewohnter Manier mal wieder die Taschen voll und gibt sich ganz down to earth und immer voll open für Kultur und so.

Meinetwegen, aber dann macht gefälligst auch 'ne Down-to-earth-Christmette, die auch die Leute miteinkauft, die halt einfach 'nen unterhaltsamen Abend haben wollen, mal ein bisschen lachen, »All I Want For Christmas Is You« und so 'n Zeugs.

Stattdessen gab's knallhart die Jesus-Story in der Ehrfürchterlich-Version, dieser pfarrerige Singsang, diese dramatischen Pausen und dazu irgendein Knilchi aus der Volkshochschule, der seine neue Gitarre streichelte. Die asexuellen Maria und Josef, ein Kind im Futterkorb, Könige, die irgendeinen Nippes verschenken und döseliges Vieh, das am liebsten seine Ruhe gehabt hätte. Da bin ich nicht bei.

Ich fühlte mich ein bisschen vereiert, da Berlin mal wieder gezeigt hat, dass es voll easy 'ne mega Hausparty schmeißt, wenn die Eltern verreist sind, dann aber jedem Gast einen Bierdeckel unters Glas schiebt, damit der Mahagonitisch nicht leidet.

Tief im Inneren biste halt doch 'n Spießer, gibst Deinen Gästen Hausschuhe, damit sie Dir nicht das Parkett verdrecken, machst auf »open minded« und »I don't care« und liest dann doch nur ab, was in der Bibel steht.

Und dann singst Du mit geschwellter Brust und kannst eben auch nicht viel mehr als »manhun jioli huifs nana jubagf FREEEUEUEUE FREUUUUUE DICH OH ninmiHEEIIT«!

Natürlich ist auch der Jahreswechsel in Berlin stets von besonderer Natur. Völlige Eskalation trifft die Sache wohl ganz gut, wenn man bedenkt, dass es in Neukölln Tradition ist, mit Pistolen in die Luft zu feuern, während im Rest der Stadt alles abgefackelt wird, was nicht bei drei aufm Baum ist. Wer clever ist, kauft für drei Wochen Vorräte ein und verbarrikadiert sich in seiner Wohnung. Außer man wohnt im Erdgeschoss oder in der ersten Etage, dann sollte man kurz nach Weihnachten seinen Stützpunkt dringend aufgeben. Böller, Zwirbler, Hummeln und sonstiger explosiver Scheiß landet nämlich gern mal mitten im Wohnzimmer, wenn man stoßlüften muss, weil man ja nicht ersticken will, und die verwirrten Kids währenddessen auf der Straße mal wieder ihre anarchischen fünf Minuten ausleben.

Selbst eine Woche nach Neujahr wird noch geknallt und gezischt, sodass die Luft verkokelt riecht und jeder Hundehalter seine große Freude hat. Der Hülsenmüll und Glitterrest bleibt dann natürlich liegen, ewig. Und wenn es richtig gut läuft, schneit es noch, damit der ganze Rotz unentdeckt wochenlang unter einer Schneedecke vor sich hindümpeln kann, um dann nach den ersten Sonnenstrahlen mit seinem entzaubertem Dasein zu grüßen.

Klar, Wegfahren ist 'ne Option. Hab ich gemacht, schön mit dem Schienenersatzverkehr-Bus übers nebelige Feld an die Müritz, während man sich fühlt wie ein Knasti, der mit einer Handvoll anderer Genossen zum Jahreswechsel in ein entlegenes Gefängnis gebracht wird. Oder nach Eckernförde, wo man dem Glauben erlag, dort gäbe es gar keine Jugend, die ihr Taschengeld und ihren Anstand an diesem Abend versenkt. Weit gefehlt.

Also kann man auch in der Hauptstadt bleiben und womöglich auch mal auf eine Party gehen, die ein ehemaliger Freund veranstaltet, der einen anfleht, doch vorbeizuschauen. Eine Mottoparty. An Silvester. Mottoparty. Ein sehr guter ehemaliger Freund ... Das Motto war »Maritim«, und nach verschiedensten Kostümideen wie zum Beispiel »Plastic Pollution« oder »Flaschenpost« entschied ich mich aufgrund des Zeitmangels für den guten alten »Piraten-Batman«, der mit seinem gerupften Papageien-Freund Armin die Weltmeere beschützt. Da ich also zur Hälfte maskiert war und zudem schlabbrige Piratentracht trug, konnte von Sexappeal nun wirklich nicht die Rede sein.

Der überwiegend Ü50-Gästeschaft, die offensichtlich die zweite oder dritte Partnerschaftsrunde drehen wollte, reichte mein faltenfreier Hals offenbar trotzdem aus, um Piraten-Batman ganz oben auf die Lüstereien-Liste zu setzen. Hurra. Es war voll und eng, und Körperkontakt wurde nicht aus dem Weg gegangen. Armin gab sein Bestes, den ein oder anderen Grapschling im Ringelhemd (... sehr kreativ) wegzupöbeln, doch sein kleiner Styroporkörper war bald am Ende seiner Kräfte.

Nach einer gefühlt ewig andauernden Odyssee vorbei

an fettleibigen Matrosen und schmierigen Überbleibseln der Titanic-Besatzung traf ich endlich auf meinen sehr guten ehemaligen Freund, der sich leider gar nicht an Piraten-Batman erfreute, da er soeben beinahe einem nach Frei-Fusel gierigem Gast auf die Schnauze gehauen hätte. Die Stimmung war im Arsch, da hätte auch das Plastic-Pollution-Kostüm nicht mehr Tristesse auslösen können. So schwang ich mein Cape, schlürfte einen Sekt gen Mitternacht und verschwand alsbald.

Egal ob Jung oder Alt, Batman oder Pirat, Silvester ist einfach überall gleich scheiße. Glück gehabt, Berlin!

Auch wenn wir das Thema in den Kapiteln »Freaks« und »Typen« schon fast abgefrühstückt haben, will ich nicht versäumen, noch mal genauer darauf hinzuweisen, dass Berlin ein Seelenfresser ist oder zumindest gern die Schäfchen unter seinem großen Mantel zusammentreibt, die einen an der Murmel haben.

Schaut man mal links und rechts, betrachtet seine Umgebung genauer, die Freunde und Bekannten, wird schnell deutlich, dass man nach einem gesunden Geist durchaus etwas länger suchen muss. Irgendwie hat fast jeder seinen persönlichen Socken-Schuss, ist seelisch angeknackst und so gar nicht fein mit sich und der Welt. HASS, HASS gegenüber so ziemlich allem und jedem, aber ganz besonders gegen sich selbst, weil man als Kind nicht geliebt wurde oder der Körper einfach nicht dem entspricht, was man im Spiegel gerne sehen will. Dann ist man wieder voller Hass und verflucht die zu kleinen Möpse oder das wirre Haar. Aber nur sich selbst dafür abzustrafen, wäre ja zu schade, und so kippt man den ganzen Groll nur allzu gern jedem Menschen vor die Füße, der es gut meint und sich nähert. Berlins Devise ist klar: Fühl ich mich scheiße, sollst auch du nicht glücklich sein. Punkt.

Und wenn der andere aber ganz gute Möpse hat, guten Humor und auch sonst allgemein im Reinen mit sich zu sein scheint, popeln die Gehässigen so lange an ihm rum, bis er Probleme hat, die ihm bis dato völlig unbekannt waren. Oder aber sie ziehen ihn mit ihrem Genörgel einfach nur runter, bis der irgendwann auch alles nur noch scheiße findet.

Anstrengend so was und auch verwirrend, denn zu Beginn sehen solche Leute immer ganz harmlos aus, wie du und ich eben, aber nachm fünften Treffen und nach der zweiten Flasche Wein, von der man selbst nicht viel abbekommen hat, wird's deep.

»Ich war früher ein dickes Kind und habe immer noch Probleme mit meinem Körper, weshalb ich mit jedem Typen ins Bett gehen muss, damit ich mich begehrt fühle« oder »Meine Freundin macht mich psychisch fertig, aber ich habe Angst, alleine zu sein.«

Well … dann fängt man natürlich an, Ratschläge zu geben und seine Hilfe anzubieten und zu versuchen, dieser armen Seele herauszuhelfen aus dem Schutt. Doch Obacht! Reichst du die helfende Hand, wird sich gar nicht dran festgehalten, nee, da wird genau geschaut, wo du schon 'ne Falte hast, und es kommt »Na, proportional hast Du auch ganz schön dicke Finger« oder so. Dann bist du plötzlich der Arsch, in dessen Beziehung ja sicherlich auch irgendwo ein faules Ei liegt, und beruflich ist es bestimmt auch nicht so cool.

Hä hallo? Nur weil du mir jetzt nen Stinkehaufen vor die Tür legst, muss ich doch da nicht reintreten. Bescheuert.

Berlin bietet halt einfach zu viel an, zu viel Depressionen, zu viel Selbsthass, zu viel Zeug, auf dem du hängen bleibst. Und wenn du keinen Alkoholiker in der Clique hast, bist du eben nicht real. In Berlin bist du halt »crazy«, das gehört zum guten Ton. Wer's aber ausspricht, ist raus.

»Meine Freunde sagen, ich bin ein bisschen verrückt ... hihi.«

Nope, wer sich mit diesem Satz charakterisiert, ist nicht verrückt, sondern einfach nur nicht ganz auf der Höhe oder hat seltsame Hobbies à la Rasenmähen oder lustige Sonnenbrillen sammeln. Die Verrückten Berlins wurden von dieser Stadt mühevoll aufgezogen und ausstaffiert mit Glitzer aus Beton. Man wird umgestülpt, und die Dialyse tauscht Blut gegen Blei. Die Stadt macht dich zur Marionette, zum Kasper, zum Blinden, der nach Liebe sucht. Dabei weiß niemand, wie das geht oder was das eigentlich ist. Alle tasten und kratzen, jagen von hier nach dort und wollen schmecken, riechen, sehen und stoßen dabei bloß an den nächsten Verrückten oder drehen sich endlos im Kreis wie eine Fliege, der man einen Flügel weggezupft hat.

So fragt man sich im Laufe der Zeit, ob Berlin wirklich die Seelen verdirbt oder das irre Potenzial lediglich mit Genuss freirubbelt. Ich glaube inzwischen an Letzteres. Die Rastlosen, die Kamikaze-Menschen, die, die gerne auf Bahngleisen balancieren und Espresso ausm Schnapsglas schlürfen, diese Menschen denken, Berlin macht ihnen 'ne Milchschaumhaube und sagt: »Sei einfach Du.«

»Hier bin ich ich. Kann ich sein. Einfach ich.« ICH ICH ICH! Genau das ist das Problem. Alle diese Deppen denken, sie würden ganz oben drauf sitzen auf der Spiegelkugel, buntes Licht verstreuen und jeder würden tanzen, nur ihretwegen, weil sie sich drehen, und alle anderen drunter her. Dabei ist 'ne Spiegelkugel gar nix wert, wenn das Putzlicht angeht und die Realität die Spiegelteilchen zusammenkehrt. Wenn alles langsam bröckelt und die Schweißluft den Kleber löst, der aus zwei hohlen Styroporhalbkugeln von »Basteln und Hobby« ein Atmo-Teil gefummelt hat. Ja, und dann? Dann landest du mitsamt der Spiegelkugel im Wenn-dann-da-Lager neben Putzlappen und der Halloween-Deko.

Und dann wirst du eben auch nicht weggeschmissen, so wie die vergessene Armprothese und der linke Moonboot, denn vielleicht findet sich ja noch jemand, der den nutzlosen Wums gebrauchen kann. Aber du bist eben du, ganz du. Ein Du, das einfach gar nicht einsieht, auch mal genauer hinzuschauen in die Spiegelteilchen, um vielleicht zu sehen, dass du dich nicht besser fühlen wirst, nur weil es anderen auch scheiße geht. DU DU DU musst mal anfangen, an deiner Einstellung zu arbeiten, und begreifen, dass die Stinkecke im Club nicht dein Zuhause ist. Schnapp dir mal die Armprothese, dann kannst du dich selbst besser streicheln und wirst vielleicht merken, dass deine Möpse voll ok sind und dass einem auf 'ner Spiegelkugel schnell schlecht wird.

Und wenn Berlin dich dann wieder anflüstert: »Hey, Brettchen, steig auf, hier ist schweißresistenter Kleber und ein Schnapsglas für Deine Tränen«, dann sachste halt: »Ah, sorry, ganz doof, ich kann nicht, ich muss dringend den Rasen in meinem Herzen mähen. Ruf nicht an, ich ruf Dich an.«

Gut, Potsdam ist nicht Berlin, aber irgendwie doch schon, also fast. Mit dem Zusatzticket C kommt man jedenfalls ganz geschmeidig mit dem Regionalexpress in die Stadt, in der »Gute Zeiten, Schlechte Zeiten« gedreht wird, was allerdings offiziell in Berlin spielt. Kein Wunder, denn es wird sicherlich nicht mehr lange dauern, bis das gierige Berlin auch Potsdam schluckt und sich wie eine Fettwelle drüberstülpt.

In diesem schicken Vorort von Berlin eröffneten 2019 Günther Jauch und Tim Raue ein Restaurant. Raue, der polarisierende Typ, der ausm Gang-Ghetto in Kreuzberg kommt, die Schimpfwort-Bibel auswendig kennt und dennoch im Herzen nur ein überdimensionales Glücks-bärchi ist, welches man eigentlich bloß in den Arm neh-men will, während es brüllt: »FRESSE!«

So wundert es nicht, dass bei meinem Besuch des Lo-kals in der hintersten Damentoilette die halbe Brille fehlte, vermutlich bewusst rausgeschlagen, um den Kreuzberger Kotti-Charme in das sonst von Designer-Zeitschriften inspirierte Interieur einzubringen. Und auch die Ser-vice-Lady agierte ganz stilecht, dem Mehringdamm ent-sprechend. Distanzlos, humorlos, dafür aber mit großem Hang zur Negation.

Dabei versprach die Getränkekarte eigentlich Sinn für gute Laune, denn den Alkoholika hatte man gut bürgerliche Vornamen zugeteilt. Ich bestellte ein Glas Rotwein, was dem Gesichtsausdruck nach unserer Bedienung nicht taugte. Also erklärte ich mich: »Ich trinke auf jeden Fall ein Glas vom ›Cuvée Bernhard‹, denn mein Vater heißt so.« Ich fand das 'ne stimmige Geschichte, aber es stieß nicht auf Begeisterung, denn das war wohl ähnlich wie nachm Etikett kaufen, und so fragte die Dame stattdessen den Schalker, wie denn sein Vater heiße.

Er bestellte den Wein »Barbara« und verkniff sich, dass Barbara früher Bernd hieß, aber es ja keinen Wein »Bernd« geben würde und dass Bernd sein Leben lang im falschen Körper gefangen gewesen war, aber jetzt endlich als Barbara zu sich selbst und zu halterlosen Strümpfen gefunden hat.

Nun gut. Auch die Speisenbestellung hatte ihren special moment, da ich beim Dessert ein bisschen ins Grübeln kam. Es gab Bienenstich mit Mandel, Haselnusscreme, Schokopudding mit Süßholz (come on!) und Kathys Käsekuchen mit Pekannuss. Für mich als Nuss- und Mandelallergikerin ein bisschen schwierig, und so bestellte ich den Käsekuchen (ich verkniff mir dabei die Namensanspielung, denn das hätte wahrscheinlich wieder für Unverständnis gesorgt) und bat darum, die Nussbeilage doch bitte wegzulassen.

Die Lady war not amused und beinahe persönlich beleidigt, es sei schließlich eine Komposition, und der Koch würde nichts ändern. Ja ok.

Ich meine, klar, hätte ich jetzt rumgememmt und gesagt »Mööö, ich mag aber keine Pelikan-Nüsse, nööö, echt nicht« könnte ich diese Reaktion eventuell ein bisschen

verstehen, fair enough, aber wenn ich davon halt eveeeentuell draufgehe, anschwelle, röchle und anschließend
tot umfalle, ist die Chose vielleicht 'ne andere, und man
könnte ja mal ein Auge zudrücken.

Ich könne ja den Pudding nehmen, kombinierte die
Lady einwandfrei. Ja, ach was, es bleibt mir ja auch nichts
anderes übrig, wenn der Koch sonst zu heulen anfängt,
weil man seine Kreation zerstört, indem man ihm sein
Nüsschen klaut. Och Gott, och Gott. Ja ok.

Die Ü80-Dame am Tisch nebenan mit ihrem Sohn und
ihrem Enkel schlug in dieselbe Kerbe, als sie betonte, sie
würde ja fast nix vertragen, aber gern die Kürbissuppe
essen, nur bitte ohne Mandarinen …

Nope. Das geht leider nicht, Komposition, Vision, blabla, müssen Sie durch, Sie machen's doch eh nicht mehr
lang, no risk no fun …

»Was passiert denn, wenn Sie Mandarinen essen?«,
fragte unsere Tischaufseherin.

Oh Herr …

Die Omi wurde verlegen und murmelte: »Das wollen
Sie nicht wissen.«

Ja, was wird wohl passieren? Ausschlag, ein geschwol-
lener Kopp oder halt eben der Klassiker: schön Durch-
fall. Und dann willste auch nicht miterleben, wie die old
Lady panisch versucht, zum Klo zu rennen, aber eben
nur so schnell laufen kann wie ein dicker Igel und ihren
flotten Otto dann womöglich neben die halbe Klobrille
legt, womöglich sogar ins Foyer, weil's dann auch egal ist.
Hauptsache, die Komposition wurde nicht gestört.

Ich fühlte mich derweil zurückversetzt in meine Schulzeit, wenn die Lehrerin einen aufm Kieker hatte und nur drauf wartete, dass man zu laut atmete. Ich traute mich kaum, den Teller zu drehen oder noch mal nach dem Speisekartenbuch zu greifen, das direkt hinter mir lag. Ich fühlte mich irgendwie schlecht, weil wir als »die jungen Leute« in unseren Iriedaily-Klamotten und Sneakern ein bisschen underdressed waren, und rechnete sekündlich mit 'nem Schlag in den Nacken. »Gerade sitzen! Wir wollen Bernhard doch stolz machen, Fräulein!« Was ein Stress.

Der Tisch wackelte, die Kartoffelklöße waren unspektakulär und Bernhard und Barbara etwas unterkühlt, aber man mag es kaum glauben: Der Schokopudding war hervorragend!

Unterm Strich bleibt zu sagen: Du kriegst Raue aus Berlin, aber Berlin nicht ausm Raue, denn Berlin ist eben auch im Drumherum. In Potsdam, in Bernau oder auch in München, weil da ja die Mieten hinfließen.

Aber mal ganz ehrlich, wenn ich auf 'ner halben Klobrille sitzen will, kann ich auch am Kotti 'ne Fleischplatte essen ohne Pekannuss oder Mandarine und dazu ein Bier trinken, das keinen Vornamen hat.

Ich bin ein zugezogenes Wessi-Dorfkind, ja, und womöglich selber schuld, dass es mir jetzt entgegenfliegt wie ein gut geölter Boomerang. Ich habe Sehnsucht, Entzugserscheinungen, Hieper. Nach Grün, steifer Brise, Korn (nicht in flüssiger Form), nach Traktoren, Heuballen, Kuhmist. Ich will mal wieder die Seele durchlüften und streicheln, ihr Gutes tun mit einer Dosis Natur.

Berlin guckt mich schief an. »Alta, komm ma klar, da drüben steht ein Baum, bidde schön, nix zu danken!«

Und ich sage: »Nee, dit verstehste falsch, da braucht es schon mehr. Weite, gute Luft, Entschleunigung, Durchatmen, Seele baumeln lassen halt.«

»Ach so«, sagt Berlin, »sag dit doch gleich, hier is 'n Strick, an dem Ast da ist noch Platz, oder janz oben, aber dit kostet extra. Verstehste? Und nich so doll zappeln und quieken, dit is hier 'ne jute Jegend, wa?«

Ja, Berlin hat's halt nicht so mit Entschleunigung und Ruhe, und wenn du mal ein bisschen rauswillst ins Grüne (in den Park), fährste halt schon mal 'ne halbe Stunde durch die Stadt, um festzustellen, dass die Flugzeuge aber auch mal wieder tief fliegen oder der ICE aus Düsseldorf heute wieder spät dran ist.

Klar, man kann auch weiter raus, schön mit der S-Bahn in Richtung Potsdam, dann sollte man aber besser Stullen einpacken und 'ne Kanne Kaffee, denn das dauert.

Man pimmelt sich also erst mal am Zoo vorbei, am Savignyplatz, hier und dort, überall Theater, immer ein Stinkender mehr. Dann krallt man sich an seiner Kaffeekanne fest und kreischt innerlich: »Für die Seele, Mann! Für die Seele!« Irgendwann bist du dann da, am Schlachtensee, willst deine Ruhe haben, den Tag genießen, der Menschenflut entkommen und einfach mal wieder ein wenig Zeit mit dir selbst haben. Ein bisschen philosophieren über Pläne und Sorgen, in Ruhe eine Käsestulle essen und mal flanieren, wie man halt mag.

Gut, etwas störend ist es schon, dass gefühlt halb Berlin diese Idee hatte, nur weil es heute im November mal nicht regnet. Ich reihe mich also schnell ein – Reißverschlussprinzip – und bin Teil der Perlenschnur, die sich im Gähn-Tempo um den Schlachtensee bewegt. Vor mir ein Hipster-Paar mit Fußhupe Carlo, hinter mir drei ältere Damen, die kichern und japsen und mit ihren Nordic-Walking-Stöcken den Boden auflockern. Im Rucksäckchen zeichnet sich die Flasche Prosätscho ab, und die Plastikbecher quietschen bei jedem Schritt.

»Ich geh jetzt mit den Mädels raus zum Sport, wird bestimmt spät …« Jaja, sicherlich.

Carlo findet's auch eher semi, er würde so gerne dem älteren Herrn vor ihm in die Wade beißen, damit der mal ein bisschen schneller läuft, und wir, die Kreuzigungsgruppe, in Bälde wieder am Start- und Zielpunkt ankommen.

I feel you, bro.

Aber das Hipsterfrauchen sagt »Nein« und sorgt sich primär um ihre weißen Nike-Treter, die nicht von chinesischen Billig-Lohnis gemacht wurden, um Blattwerk und Matsch zu begegnen. Schnell wird Hipsterherrchen schuldig gesprochen, das hätte er ihr sagen müssen, die sind neu, man hätte heute ja auch entspannt einen Läte Matschäto aufm Kudamm trinken können … and so on.

Jetzt finde ich Herrchen auch doof, hätten se mal, dann hätte ich jetzt ein bisschen mehr Platz, und ICH könnte den älteren Herrn beißen und schubsen, um dann zu merken, dass nicht er das Problem ist, sondern der Typ davor, nee der Typ davor, ach nee … Endlosschleife.

Der Moment, den Falschfahrer zu machen und einfach zu wenden, ist schnell überschritten. Einfach im Wald verschwinden und die Abenteuerroute nehmen ist auch nicht drin, denn da lauert die S7, rollt und grollt und wartet nur auf das nächste Schäfchen, das ausschert und die Herde mutig verlässt. Ich versuche, das alles auszublenden wie so oft.

Das ist in Berlin schon zur Devise geworden. »Das musst Du ausblenden! Das gehört halt dazu, irgendwann sieht man das gar nicht mehr.«

Doch verdammte Axt, ich sehe das, ALLES! Jeden einzelnen Hundehaufen, jedes schlecht gesprühte Graffito, jeden Obdachlosen, der fast erfriert, jede tote Taube, tote Ratte, jeden toten Kiez. Ich sehe die Menschen, blicke in jedes Gesicht, keins lacht. Ich rieche den Mief in der U-Bahnstation, das alte Bratfett unterm Alex, den Schweiß, das Erbrochene und Verfaulte. Und ich höre das Fiepen der S-Bahn-Tür, das Kratzen und Zischen, das Pöbeln der Fahrradfahrer, nachdem sie dich fast umgemäht haben, und die beschissene Performance der »Hitze Rot Jäck«-Bande. Es ist immer da, zu jeder Zeit, egal wohin du fährst.

Auch Berlins Natur ist vollgestopft mit dem Scheiß. Immer dasselbe, leblos. Es gibt keinen Gradmesser, der zeigt, welche Jahreszeit gerade herrscht. Der Frühling bringt zwar Knospen, aber keinen Geruch. Die Kirschen auf der Zionskirchstraße blühen zwei Sekunden, bevor sie verwelken. Wozu auch die Mühe, es schaut ja doch keiner hin. Der Osterhase winkt ab: »Berlin? So viele Eier, wie die bräuchten, kann ich gar nicht liefern.«

Man spürt es hier einfach nicht. Sommer ist dann, wenn die dicken Männer wieder nur ein Unterhemd tragen und du jedem Zweiten gern einen Deostick reichen magst. Hach, Herbst, wenn die Blätter sich golden färben und leise gen Erde rieseln, wenn man gemütlich wird und Tee kocht.

Pffff, Berlin rüttelt an den Bäumen, zieht und rupft, bis sie kahl und die Straßen glitschig sind. »So, fertig!«

Der Winter ist pures Überleben. Nix mit Schneelandschaft, Kaminfeuer und Tannenbaum. Forget it. Es ist egal, man macht halt seinen Kram, ist Teil der Perlschnur, funktioniert und merkt gar nicht, dass Berlin einen fernhält von der Natur, vom Seelenheil. Man ist eingesperrt in der großen Stadt und kriegt es überhaupt nicht mit, dass man erstickt und schon lange am Baum hängt, natürlich unterm Hipsterpärchen, denn die haben mit Aussicht gebucht und einen Extra-Ast für Carlo und die weißen Latschen.

Der Fahrradfahrer ist ja per se recht speziell: immer auf Zack, immer mobil und praktisch veranlagt. Helmchen, Rucksack, ein Hosenbein wird hochgerollt oder mit 'nem Leuchtegurt zusammengerafft, damit der Stoff nicht in der Kette hängen bleibt. Immer am Limit, sportlich, frei.

Grundsätzlich ja 'ne schöne Sache, doch in Berlin existiert inzwischen eine mutierte Form des Radlers. Gesetzlose, Furchtlose, Anstandslose. In Berlin ist der Radfahrer ganz oben in der Rangordnung, er gibt den Ton an, ist der Gangster der Straße. Die kleinen Fußgänger haben Angst, zittern und fliehen, wenn der Rad-Rowdy kommt. Die Autofahrer haben Sorge um Lack und ihre privilegierte Stellung innerhalb der Nahrungskette. Bus und Straßenbahn müssen sich unterwerfen, wenn der Radelnde vorneweg pimmelt und alle aufhält. Die Hände sind vorm Bauch verschränkt, der Lenker unberührt. Das Karohemd weht im Wind, und der Turnbeutel ruht lässig auf dem Gepäckträger, während die Reifen fröhlich zwischen den Schienen tänzeln.

Der Tramfahrer bimmelt, denn seine siebenundsechzig Fahrgäste wollen zur Arbeit oder zu ihrem Projekt.

Der Zweiradfahrer grüßt lieb mit Mittelfinger und Bremsbetätigung.

Es gelten andere Regeln, Rot ist nicht gleich Rot, ein

Zebrastreifen nur 'ne Empfehlung, und wenn ein Fußgänger in Sichtweite ist, heißt es: Den krieg ich!

Dürften sie auch eine Hupe haben, es wäre ein Dauerton. Die Stadt, der Riese, zwingt die Leute in oder auf ein Verkehrsmittel, es muss schnell gehen. Man rennt zur Straßenbahn, obwohl die nächste in fünf Minuten kommt. Hastet, rast und boxt sich in die U-Bahn. Das Fahrrad wird zur Waffe, im Sattel sitzt das Kamikaze-Kommando, das dich noch anbrüllt, während du als niederes Fußvolk nach einem Hechtsprung längst im Gebüsch hängst.

»Verpiss Dich, sonst schieb ich Dir die Luftpumpe dahin, wo die Sonne nicht scheint«, sagt er und strampelt stolz davon in gepolsterten Radlerhosen.

Und stets hört man Mimimi zwischen Geklingel und Gequietsche. »Das Auto parkt auf dem Radweg!«, »Wo war der Schulterblick?«, »Wir werden diskriminiert!«

Wer den dicksten Haufen macht, sollte sich nicht über die Stinkefüße seines Nebenmanns beschweren! Ihr seid die größten Schlampen des Straßenverkehrs, ignorant und selbstgerecht. Drängelt auf dem Gehweg und mäht durch die Massen! Ein für alle Mal: Auch ihr Pseudo-Sportis habt anzuhalten, wenn die Tram an der Haltestelle stoppt.

»Nein, ich bin ein Fahrrad, lassen sie mich durch, ich bin öko und platzsparend. Meine Bremsen sind nur Deko, leck mein Rücklicht, Alter.«

Diese latent Aggressiven, Größenwahnsinnigen mit ihren Sicherheitsschlössern, die, die ihr Rad mit ins Café schleppen und in der Wohnung über den Fernseher hängen. Die Schrauber und Taper, die, die nie das Licht anmachen, aber ein Reflektorleibchen tragen, sind der Gesellschaft Spiegelbild. Und doch haben sie eine entscheidende Schwäche, eine empfindliche Achillessehne, einen Angstgegner, der sie außer Gefecht setzt: Regen.

Wenn's mal wieder richtig schüttet in Berlin und man tropfend in der Bahn steht, kommen Sie angeschissen, die Lappen. »Hey, hi, moin, darf ich mal, was 'n Wetter, wa? Puh. Und sonst so?«

Am Morgen noch das größte Arschloch, und am Abend dann der Depp, der sein Rad in einer Straßenbahn ans Fenster lehnt, um sich dann entspannt drei Reihen weiter hinzusetzen. Das Körbchen ist vollgestopft mit Obst und Getränkedosen, das Ständerchen ist fachgerecht ausgefahren.

Doch welch Überraschung, an der nächsten Kreuzung geht's nach links. Der Esel kracht, die Dosen rollen und das Ständerchen winkt ab. Hastig hopst das Neonleibchen, offenbar erstaunt, dass Gravitation und Zentrifugalkraft den Esel legten. Und so rollen Bier und Obst bis nach vorn zum Fahrer hin. Das Leibchen hin- und hergerissen zwischen halten oder rennen, hastet schließlich hinterher, um die Waren einzufangen.

Da greift ein Mann zur Flasche Bier und packt die Pflaumen ebenso, steht auf und blickt das Leibchen an. »Wo hast 'n deine Luftpumpe? Jetzt guckste blöd, verpiss Dich, Mann!«

Eine Regel gibt es doch: Fährst du mit deinem Fortbewegungsmittel in einem anderen Fortbewegungsmittel, machst du dich zum Affen, trägst du dabei ein reflektierendes Neonleibchen, könnte es sein, dass man dich aussetzt, da, wo die Sonne nicht scheint: Betriebshof Marzahn.

Ach, Berlin, was hab ich sie geliebt, Deine Schnodderschnauze, die mir sagt: »Na, Kleene, wat ham wa heute
so jemacht?« Dein »Nüsch« und »Wa« und »Allet jut«.
Es war Musik in meinen Ohren, einfach zauberhaft, die
schönste Melodie. Fast so schön wie »Voulez-vous du
beurre?« oder was die Franzosen sonst gerne sagen.

Dein Gesabbel war ein verbales Croissant mit frischer
Erdbeermarmelade, eine auditive Streicheleinheit. Und
sogar der genervte Busfahrer, der mir ein »Meenste, ick
mach det Janze aus Daffke, oder wat?« entgegenwarf,
konnte mich nicht verschrecken, ganz im Gegenteil, zu
gern hätte ich gesagt: »Sag's noch mal, noch mal«, und
dem Männlein dabei in die Wange gekniffen.

Ach, Berlin, ich hab Dir immer gerne zugehört, sogar
Dein Gemecker und Gegrolle hat mich stets entzückt.
Doch irgendwann hast Du halt nur noch Unsinn geredet,
hast jeschwafelt und jar nüsch mehr nachjefragt. Hast
jesagt: »Dit is ooch nüsch meene Baustelle« und »Jeh ma
nüsch auffe Nüsse«.

Doch weißte was, Berlin, Deine Nüsse sind doch schon
längst vom Baum gefallen und Dein »Icke« und »Ballin«,
das kannste Dir einfach mal klemmen, denn es ist wirklich nicht mehr zu ertragen! Ich möchte »Budder aufm
Kudder« oder »Beurre au Pein«, ich will ein Brötchen
und keine »Schrippe«, und ich will verdammt noch mal,

dass ein Berliner Berliner heißt und nicht »Pfannkuchen«, denn ein Pfannkuchen ist ein Pfannkuchen, weil er in der Pfanne zubereitet wird und nicht in heißem Fett frittiert! Es ist ein Hähnchen und kein »Broiler«, und wenn du hungrig bist, dann hast du Hunger und nicht »Knast«, und dann kannste deine Moppelkotze und den Mucke-fuck hinterkippen, aber bitte ohne mich. Ich geh nämlich derweil zum Büdchen, denn der »Späti« ist viel zu teuer. Und dann fahr ich mit der Straßenbahn nach Hause, weil es in der »Tram« nie einen Sitzplatz gibt.

Ach, Berlin, Du bist halt nicht mehr knorke, bist 'ne Flitzpiepe, und der Besuchsbesen ist verwelkt. Und weil Du den Hals nicht vollkriegen kannst, interessiert es so-wieso bald keinen mehr, was Du zu sagen hast. Nachtigall, ick hör dir trapsen: »Do you speak English?«

Berlin-Mitte, der Nabel der Welt, Hotspot, Place to be und historisch gesehen ganz weit vorn. Die Bernauer Straße, Checkpoint Charlie, das Brandenburger Tor und der Tränenpalast, Mitte hat sie alle, die Big Player aus Berlins Tagebuch. Und auch wenn die Eierlosen im Bezirk Friedrichshain hausen, machte Sony mit dem zurückhaltenden und in der Namensgebung sehr devoten Sony Center schnell klar: »Mitte ist Major, ihr Bitches!«

Und ja, so fühlt es sich bis heute an, auch wenn die Majorlabels tagtäglich an Macht und Legitimation verlieren und anstatt sich selbst zu hinterfragen, lieber auf Moral und Anstand scheißen, um weiterhin irgendwie den Dicken machen zu können, ist diese Attitüde im Zentralbezirk Mitte deutlicher zu spüren als je zuvor.

Mitte ist das Tinder Berlins, das Spotify der Hauptstadt, es ist das klassische Rein-Raus der Berghainer Darkrooms. Hauptsache, alles geht schnell, schnell vorüber, schnell derdiedas nächste. Hauptsache, es bleibt obendrauf liegen, an der Oberfläche, ein Statement ohne Inhalt, eine Playlist ohne Lyrics.

Major eben, charakterlos, nach außen bunt und »heyyy, nice to meet you« und innen einfach leer. Der Kalender sagt »Meeting um halb neun«, das Herz sagt »Sorry, bin im Urlaub«, und der Kopf grölt »Heeeeyyyyyy heeeeyyyy, Baby ... uh ah.«

Daily Business im Shared Office, davor eine Stunde joggen, um noch mehr Leere in den Kopf zu pumpen, und dann steht man vorm Kleiderschrank und wühlt die neunziger Jahre hervor. Oversized Jeansjacke und Boy-friend-Buxe, dazu »Ugly Sneaker« und Bauchtasche. Also all der Kram, den man spätestens Ende der nuller Jahre zur Altkleidersammlung gegeben hat.

Mitte ist der personifizierte Trend, ein Mitläufer, ein Katalog-Opfer. Die Fashion Week krempelt zweimal im Jahr alles um, gibt die Marschroute vor, hebt den Zeige-finger.

Doch die Teenies aus UK sind schlecht informiert, zie-hen die Hose bis zur Brust, dazwischen noch ein Spalt nackte Haut. Polyester-Love und Plateau-Turnschuhe. Und Mitte ist verwirrt, will auch lieber bauchfrei sein und seinen Wanst zeigen, will auf Plateau-Sohlen gehen und sich groß machen. Denn Mitte will chillaxen, sich keinen Kopp machen, im Park abhängen und vier Tage nicht duschen. So wie früher.

Aber der Zug ist abgefahren, das Tacheles wird ge-schubst und zwischen Neubauten gepresst. Und nur allzu gern hätte man den ganzen Rotz abgerissen.

Aber zum Bestaunen lässt man einen kläglichen Rest, dann kann Berlin wieder sagen: »Schaut her, wir sind edgy und auch mal rough, aber jetzt mach, dass Du weg-kommst, wir bauen hier gerade wieder irgendeinen Scheiß hin, also husch, husch.«

Das Tacheles wird zerquetscht, dafür kriegt man aber ein nigelnagelneues Schloss! Hey, ist das nichts?

Und die Touristen sagen: »Yes man!«, »Qui Formidable!«, »Si!«

Und die in Berlin Wohnenden sagen: »Äh, was, warum?«

»Na, weil dit die Touristen mögen und weil dit jut is für gegen die Schulden und weil dit mal ablenken tut von dem anderen Scheiß, der nüsch läuft.«

Ach so, jaja. Der Majorbezirk mit seinem Dom, der Oper, der Staatsbibliothek, mit der Universität, dem Rathaus, der Nationalgalerie und dem ungeliebten Stiefsohn Alex. All die kommerziellen Edelpop-Milchkühe, die man melkt, bis der Euter quietscht, und dazu dieses eine unangenehme Asi-Signing mit leichtem Aggressions- und Drogenproblem, bei dem man jeden Tag erwartet, der Manager ruft an, weil Alex an seiner eigenen Kotze erstickt ist.

Aber auch daraus lässt sich ein Mythos basteln, Alex, der Bad Boy, der gern rempelt und antanzt, der mit seiner Primark-Tüte auf Homosexuelle einkloppt und in die Ecke pisst. »Achtung Gefahr!« steht im Reiseführer, und die Touris wittern das Abenteuer.

»Ich war heute am Alex.«

NEINDOCHOOOOH! Und der Major-Onkel legt zufrieden die Stiefel auf den Tisch, während Alex gerne einen Schrebergarten hätte oder zumindest ein Gebüsch. Aber nein, er ist der Junge aus Beton, zugemauert, eingesperrt, und täglich stürzt er vom Park Inn.

Die neue Platte läuft hervorragend, der Rolling Stone gibt fünf von fünf. Ganz oben in den Charts thront der neue Hit. »Spotify, my love. Auch heute hab ich Dich belogen, denn ich hasse Dich und Dein Kalkül. Erst gestern hab ich Dich betrogen, sorry not sorry, denn ich stehe auf Vinyl.«

Die in Mitte checken's nicht, checken gar nichts, nur ihren Instagram-Account. Da sind sie glücklich zwischen »coffee, space, project«, Zeit für Brot, Zeit für nix. Doch solange die Touristen klatschen und für aufgeblasenen Scheiß applaudieren, ist das eben der Job. Berlin-Mitte, Du bist Major!

Die in Berlin Wohnenden sind Revoluzzer, eine lebende Antithese, eine Fuck-the-norm Community … Denken sie zumindest.

Um das zu unterstreichen und zu manifestieren, haben sie sich allerlei Unfug ausgedacht, sodass der Rest der Bundesrepublik auch bemerkt, dass Berlin seine eigenen Regeln hat. Angefangen beim Look über die Projektkultur bis hin zum Bürokonzept, das hier gänzlich andere Strukturen annimmt.

Büro ist nämlich nicht gleich Büro, nein, das Büro ist in Berlin das Café um die Ecke. Da kommst du am Vormittag lässig reingeschneit und sagst »Hey, dude« zu Rick hinterm Tresen, der seit fünf Jahren in dem nicen Café arbeitet, aber nach wie vor kein Wort Deutsch spricht, weil das auch eh egal ist, solange jeder Depp mit »Hey, dude« den Laden betritt und sich mega lässig und kosmopolitisch fühlt, weil es no problem is, mal ein bisschen English zu speaken.

Dann bringt dir Rick einen Capputschaino, und du findest es super cheesy, dass man hier weiß, was du möchtest, und deine Bedürfnisse kennt. Dann sagst du geschmeidig »Thanks, bro« und bist innerlich eigentlich total aufgeregt und euphorisch, weil die Touristen am Nebentisch bewundernd staunen über deinen Status in dem Café mit der Retro-Tapete und den Metro-Fliesen an der Theke. Ja, du bist geil, der Geilste, denn dein Büro passt in eine Herrenhandtasche. Das Ladekabel klaut Ricks Strom und der Laptop das free WLAN. Du bist gut drauf, tippst extra laut, denn du hast Business to do. Du rufst deinen Kollegen an, lehnst dich zurück, nippst am Kaffee und gestikulierst so wild, dass man denkt, du machst Tai-Chi.

Du bist wichtig, ohne dich läuft nix, und alle sollen das sehen! Du sitzt am Fenster, damit nicht nur die Fußgänger deine Show genießen können, sondern auch die gesamte M1, alle zehn Minuten also noch mal 'ne extra-Performance. Die Stirn liegt in Falten, die Designerbrille sitzt, und die EarPods hängen lässig in den Ohren. Schaut alle her, dieser super beschäftigte Typ mit den geilen Klamotten und dem neuen Laptop ist Multitasking und hört womöglich gerade einen super intellektuellen Podcast, während er eine Mega-Kampagne für einen neuen Gin namens »Gini in the Bottle« erstellt. Wow!

Diese Art des Exhibitionismus ist in Berlin weit verbreitet und läuft dem Nackeligen im Trenchcoat langsam aber sicher den Rang ab. Dann sitzen sie da, diese Selbstdarsteller, klapp klapp klapp, ein Laptop neben dem anderen, und machen sich wichtig. Dann breiten die sich aus und belegen mit ihrem Scheiß die Tische und schlürfen einen Capputschaino und ein stilles Wasser in vier Stunden.

Und als normaler Gast, der einfach mal in Ruhe einen Kaffee trinken will oder einen frisch gepressten Saft, wenn man sich einfach mal nett unterhalten will und lachen und quatschen, dann fühlt man sich irgendwie schlecht, weil der Typ am Nebentisch womöglich gerade ein Skype-Meeting mit NY hat oder den Azubi am Telefon anscheißt, weil der gestern wieder die falschen Kaffeebohnen für die Büro-DeLonghi gekauft hat.

»Ich hab es Dir schon tausendmal gesagt, Felix, Segafredo und nicht Lavazza! Mann!«

Dann fängt man an zu flüstern, denn die Laune nebenan ist schon angespannt und das WLAN scheinbar schlapp. Was wiederum eventuell daran liegt, dass die Lady am Tisch neben dem Klo gerade einen Film streamt und nebenbei per WhatsApp Sprachnachrichten im Sekundentakt verschickt.

Der Exhibitionist wird nervös und möchte bitte noch ein Leitungswasser haben, denn das kostet nix und ist healthy.

Rick eilt herbei und hofft: »Anything else?«

Natürlich nicht, dit is hier schließlich keen Partybus, hier wird gearbeitet, hier is Büro! Und wegen Ricks doofer Fragerei ist die M1 jetzt einfach so vorbeigerollt, man war gar nicht in Pose, hat einfach nur so dagesessen im Café, als hätte man nichts zu tun. Schrecklich! Dabei ist man super busy, immer und überall, ist Superman und Spiderman in einer Person, muss die Welt retten. Denn wenn »Gini in the Bottle« nicht rechtzeitig aufn Markt kommt, weil der Kunde findet, dass der Slogan »Rubbeln brauchste nicht, Gini ist schon der Größte« nicht fetzt, gibt es womöglich 'ne Massenpanik, und alle sterben.

Jeder hat halt seine Aufgabe, seine Bestimmung, um

die Welt zusammenzuhalten. Ben Becker stand auch nicht zum Spaß regelmäßig im Bademantel vor der »Wolke Sieben«, nein, das ist harte Arbeit, Maloche, und das nur, damit die Insassen der 12 einen richtig schönen Start in den Tag haben!

»Ey, ich hab letztens Ben Becker gesehen, aufm Gehweg, im Bademantel, Mann, ist der fertig!«

Ja, von wegen fertig, das war sein persönlicher Beitrag, kostenfreie Unterhaltung, Gossip to go. Seid mal ein bisschen dankbar.

Und wenn die Kacke irgendwann richtig am Dampfen ist, dann kehrt Ben Becker womöglich zurück zur Wolke Sieben und reißt vielleicht sogar seinen Bademantel auf und bringt den Exhibitionismus wieder dahin zurück, wo er hingehört. Dann wird Berlin vielleicht wieder bodenständig, und man kann sich diese Extrawurst in Zukunft sparen – im wahrsten Sinne des Wortes …

Sharing is caring! Wer hat sich eigentlich diese Quatsch-Floskel ausgedacht?

In Berlin heißt »caring« nämlich eher »die Taschen voll maching«. Denn da Wohnraum, Arbeitsraum oder Park-plätze knapp sind, bleibt dir in Berlin zumeist gar nichts anderes übrig, als irgendeinen völlig überteuerten Wums zu mieten, der dir dann liebevoll als »Shared Office« oder »WG-Zimmer« verkauft wird. Und auch wenn man schnell durchschaut hat, dass es sich beim Office um ein Keller-loch ohne Fenster handelt und das WG-Zimmer lediglich eine Nische im Flur mit Vorhang ist, bleibt einem halt gar nichts anderes übrig, als zu sagen: »Megageil, nehm ich!«

Auch die Kultur ist stark gebeutelt vom geteilten Leid. Berlin, die Kulturhauptstadt, das Mekka der Kreativität, brüstet sich nur allzu gern mit seinen KünstlerInnen, die aus aller Welt magisch angezogen in die Metropole der Be-langlosigkeit rennen, um dort ihr letztes Hemd zu geben. Doch braucht der Kreativling womöglich Arbeitsraum oder Proberaum, dann ist Berlin plötzlich nicht mehr er-reichbar, »kein Anschluss unter dieser Nummer«, »leider unbekannt verzogen«.

Jaja, und dann stehste da. Dann musst du das Hit-Album für die kommende Hit-Tour proben oder die umfangreiche Einzelausstellung für Berlins glorreiche Galerienlandschaft vorbereiten.

Doch anstatt in einem Atelier kauerst du in deinem Badezimmer, in deiner inzwischen eigentlich unbezahlbaren kleinen Dachgeschosswohnung, in die es reinregnet, und versuchst, die Masterpieces an die Badewanne angelehnt auf die Leinwand zu pinseln, ohne dabei den Duschvorhang oder den Badvorleger entsprechend mitzucolorieren. Dann kommt der Hund vorbei, blickt dich erbärmliche Künstlerkreatur traurig von der Seite an, bevor er sein Fell auf die nasse Ölfarbe schüttelt und kurz darauf auf den Badteppich kotzt, auf dem du hockst, weil die Fliesen kalt sind.

Und die Optionen? Entweder man bezahlt für zehn Quadratmeter in Schöneweide fünfhundert Euro kalt, hofft nach der siebten Absage nach wie vor wacker auf ein städtisch gefördertes Atelier in einem asbestverseuchten Bürogebäude oder sagt sich: »Na komm, sharing ist schon geil! Lernste neue Leute kennen, Kaffeetrinken und sich gegenseitig supporten!«

Pffffpahaha, da wär mir doch jetzt fast vor Lachen der Pinsel in die Kotze gefallen! Die Realität ist doch folgende: Katrin will für drei Quadratmeter ihres Zwanzig-Quadratmeter-Ateliers gerne zweihundert Euro Miete, plus anteilig Nebenkosten und WLAN-Zuschuss.

Bitte nur leises Arbeiten, keine Tiere und keine Besucher. Am Wochenende geht es gar nicht, da trifft sich da nämlich die Künstlergruppe »Gelber Elefant – Probleme sind dornige Chancen« von Steffi, die auch drei Quadratmeter gemietet hat. Du bist natürlich nicht eingeladen. Mittwochs ab drei ist's auch schlecht, und donnerstags, da macht Heiko nämlich seine naked Performances und braucht absolute Ruhe.

Die Berliner MusikerInnen können stattdessen gaaanz leise im Schlafzimmer üben, weil der Nachbar von unten zwar gerne zu Hause Basketball spielt, aber ansonsten ungestört seinen TikTok-Kanal mit Motivationsvideos füttern muss. Und klar, da störste halt dann, wenn du die Reinkarnation von »Purple Rain« in A-Moll noch ein kleines bisschen perfektionieren willst. Oder aber du suchst dir einen Shared Proberaum oder Rehearsal-Room, wie man es in Berlin nennt.

Da gehste dann zum Vorstellungsgespräch, während Speedy und Zottel dir die entscheidende Frage stellen: »Du bist ein Einzelmusiker, oder?«

»Jaaa voll, natürlich! Und ich bin super pflegeleicht und bringe meinen eigenen Kram mit. Aber natürlich nicht viel, nur 'n paar Kabel.«

Speedy will es genau wissen: »Was machste denn für Mucke? Hast Du viele Gigs? Spielste Strat oder Paula?«

Am Ende kannst du einfach froh sein, wenn sie dich für irgendeinen Lurch halten, der ihren Mucker-Pimmeln nicht in die Quere kommt und einmal im Monat den Umschlag mit fünfzig Euro in die modrige Schublade legt.

Anschließend freust du dich über vier Nachmittage im Monat, an denen du in dem schimmeligen Kerker deine Songs und Bühnenshow proben darfst, während Schweiß von der Decke tropft und den von Motten zerfressenen Teppich durchnässt. Dann merkst du, dass Speedy und

Zottel offenbar Kettenraucher sind und angefutterte Dönertaschen in der Kabelkiste sammeln. Und dann merkst du, dass es noch einen Mieter gibt, der aber keine Miete zahlt, in der modrigen Schublade wohnt und sich über die Dönertaschen freut. Er heißt Johnny und sein Lieblingslied ist »It's my life« von Jon Bon Jovi, und wenn es keine Dönertaschen gibt, frisst er gerne Styropor oder den Schaumstoff der Kopfhörer, auch während du sie trägst. Dann legt er liebevoll sein Schwänzchen um deinen Hals und schläft auf deiner Schulter. Denn Johnny hat's auch nicht leicht, Mareike ist abgehauen und lebt jetzt mit Jeff vorm Berghain. Und sein alter Mitbewohner Kevin hatte sich unglücklich in eine Taube verliebt, was ihn leider in den Suizid getrieben hat. Sie haben sich gemeinsam am Hermannplatz von einem weißen Mercedes überfahren lassen. Ein wenig theatralisch vielleicht, aber so war Kevin eben …

Ja, das sind sie, die Geschichten, die man erlebt, weil Berlin seine Kreativlinge und Selbstständigen mit 'nem großen Besen zusammenkehrt, damit das Big Business Platz in den Loft-Etagen hat.

Und alsbald winkt Brandenburg … »Hallllööchen« … doch du willst am Puls der Zeit bleiben, nicht den Anschluss verlieren, Teil der Szene sein.

Und Brandenburg sagt: »Hiieeer drüüben!« … Nein, nein, denn du bist hip und flott und BerlinerIn!

… »Winke winke!« …

Tja, und am Ende kommt es, wie es kommen muss … Du ziehst nach Brandenburg. Dort baust du dann ein

Studio in eine alte Scheune sowie ein Atelier mit vier Meter hohen Decken und Tageslicht en masse. Du redest es dir schön, postest Bilder ausm Wald, aber eigentlich hat Berlin dir einfach subtil die Koffer vor die Tür gestellt und in niedlicher Verpackung gesagt, dass du dich verpissen sollst.

Da, wo der eine Bezirk an den nächsten grenzt und die Puzzleteile wieder nicht ineinandergreifen wollen, gibt es Löcher in Berlin. Leerstellen. Ausradiert und hastig drübergekritzelt. Dort gibt es Streitereien darüber, wo man sich denn nun gerade eigentlich befindet und wo der nächste Supermarkt ist. Hier ist es wie im Vakuum, leer, undefiniert, lieblos. Da, wo PrenzBerg auf Friedrichshain trifft, Friedrichshain auf Lichtenberg oder Mitte auf Kreuzberg, da stolpert die Stadt. Man hat das Gefühl, die Lücken wurden mit Kram zugestopft und die Teile in Eile aneinandergenäht. Am liebsten hätte man von beiden Seiten gedrückt und geschoben, um die Entfernung zu minimieren, wollte so tun, als wär Berlin ein Teil, immer gewesen und immer so gewollt.

Dort, wo einst die Mauer die Stadt auseinanderriss, ist es allerdings halb so wild, beinahe homogen, war ja auch mehr ein scharfer Schnitt als ein bewusstes Abstandhalten.

Vielleicht liegt Berlin auch einfach auf verschiedenen Kontinentalplatten und driftet langsam aber sicher auseinander. Und am Rand – an der Kante – stehen die Leuchttürme aus grauem Beton, zehn Stockwerke hoch, schnörkellos. Die Platten, die das Niemandsland markieren wie Wächter, die mahnen, dass die Welt hier kurzzeitig zu Ende ist. Brutalistische Begrenzungspfeiler, die die Sonne klauen und sich der positiven Psychologie erfolgreich in den Weg stellen. Berlin ist durchzogen von diesen Riesen, und sie verdrängen scheinbar alles, was schwächer ist als sie. Wer soll da glücklich blinzeln im Schatten des Koloss?

Und was suggerieren die? Mehr, mehr, mehr! Denn hier ist Platz, immer noch Platz, Menschen stapeln sich im Bauklotzturm. Zimmer mit Aussicht. Aussicht auf was? Zwischenwelten mit 'nem Imbiss an der Kreuzung. Tausend Nachbarn, jeden hört man, riecht den Massenmuff im Flur. Das Licht im Treppenhaus ist aus, im Fahrstuhl liegen Scherben, schon seit Wochen ist es doch egal, dass der Keller offen steht.

Mag sein, dass das ein Mythos ist, doch diese monströsen Manifeste der Anonymität und Zweckmäßigkeit sind die kalte Schulter dieser Stadt. Ein Mahnmal. Und man fragt sich, wer dort wohnt und wie es sich anfühlt, spät nach Haus zu kommen. In den Gängen ohne Tageslicht, jede Wohnung gleicht der nächsten. Am Balkon oben links hängt eine Deutschlandflagge, ein Stock drunter weht Europa. Links davon blüh'n Stiefmütterchen, alles ist grün und voller Hoffnung, während nebenan ein blinkender Weihnachtsmann versucht, im März über die Brüstung zu klettern.

Im Hochparterre ist ein Netz gespannt, zu oft schon flogen Flaschen an die Balkontür, mitten in der Nacht, wenn die Besoffenen zum Bus liefen. Wäre es nicht unästhetisch und verpönt, Berlin würde sie wieder bauen, reihenweise. Die grauen Klötze würden emporwachsen auf jedem freien Stück, geschmückt mit roten Bannern: »Eigentumswohnungen zu verkaufen.« Fünfzehn Stock, zwanzig Stock, so viel, wie geht. Bis der Turm schließlich zusammenbricht, weil Beton nicht glücklich macht und jemand gedankenlos gegen den Tisch gestoßen ist. Stein auf Stein wird obendrauf gelegt, doch woher nehmen, wenn nicht stehlen?

Mit spitzen Fingern werden die Stücke langsam entfernt, herausgezogen aus Berlins Mitte. Porös ist's geworden und an der Spitze wackelig. So stehen sie im Grunde fast überall, die Schattenwerfer, grau in grau. Nicht sichtbar zwar, doch spürbar schon. Auf kleinster Fläche Höhenflug. Erdrückend, gar nicht frei. Plattenbau, Du armes Wesen, wolltest jedem ein Zuhause geben. Zusammengesteckt und schnell montiert, musstest einfach funktionieren, hast dich halt nicht hübsch gemacht. Doch bis heute spürt man eben das, es war die Not, die die Türme baute, und das Drängen in die Stadt. So steht's bis heut ganz oben am Beton:

Meene Kleene Perle
mach dich nicht verrückt
Deine Monster sind beständig
ihre Schatten werfen sie zurück.

Geh nach Berlin, haben sie gesagt, die Stadt der Kunst, haben sie gesagt.

Nachdem ich über die Jahre unzählige Ausstellungen, Performances, Vernissagen, Finissagen und sonstige künstlerische Ausscheidungen besuchte, lässt sich recht sicher feststellen: LOL.

Berlins völlig ausgeartete (ui Wortspiel, wegen »art«, verstehste!?) Kunstszene mit seinen tausend Galerien, Projekträumen, Museen und der temporären Wichtigmacherei à la Art Week und Gallery Weekend ist vor allem affektiert und anstrengend. Das, was präsentiert wird, ist von Handwerk und Tiefgang so weit entfernt wie Deutsch-Rap von pophistorischer Relevanz. Die Massen mit Scheiß verwirren, immer hart an der Grenze zu Satire und Ironie, und dabei aber stets mit ernster Miene der Süddeutschen den Arsch lecken, damit die dann allen erzählt: Wenn man's nicht kapiert, ist man halt zu dumm und sollte sich statt der Ausstellung bei Crone lieber noch mal »La La Land« auf DVD anschauen.

Dabei ist die zeitgenössische Kunst auch nicht viel mehr als ein zugedröhnter und geschmackloser Musicalfilm mit sinnlosen Dialogen und Schauspielern in ihren Paraderollen. Die Darsteller sind hauptsächlich Männer, die uncharmant und aufgeblasen ihren leblosen Wums an willige Wände hängen und nur allzu gern ein Selbstporträt mit ihrem Penis malen würden. Da das aber zumeist das handwerkliche Geschick übersteigt, wird zumindest behauptet, dass Frauen einfach nicht so gut malen können, bevor die eigenen Bilder auf den Kopf gedreht werden. Das wird dann als Signature Move verkauft und soll doch eigentlich bloß darüber hinwegtäuschen, dass der Maler ein alter weißer und politisch inkorrekter Grantler ist. Aber solange es genügend andere geschmacksverirrte Spinner gibt, die sich den Scheiß ins Wohnzimmer hängen, ist man happy in Berlins Galerien, denn dann klingelt die Kasse, und man kann dem Schreiberling vom Feuilleton der FAZ noch 'nen Hummer extra zu Weihnachten schicken.

Die Kunstwelt ist bis heute eine männerdominierte und gleichzeitig vor Angst zitternde traurige Figur, die schwänzelt, schnieft, säuft und sich jeden Tag ins vier Größen zu enge Klischee-Kleidchen zwängt, um dann ihre prallen Dralligkeiten dem Sammler ins Gesicht zu reiben.

Es ist die pure Clownerie, nichts als Äffchen im Tutu. Die Konfettikanone läuft immer heiß, der Elefant balanciert auf dem Seil, bevor ein Akrobat wie jedes Mal in den Tod stürzt. Doch das ist bald auch wieder langweilig, und der Zauberer kriegt nur Beifall, wenn er dem Kaninchen den Kopf abbeißt. Die Dompteuse zieht blank, der Tiger ist auf Koks, und irgendjemand schreit »Hitler«, nun endlich tobt die Meute und gluckst vergnügt.

Dann sind alle berauscht und merken gar nicht, dass eine ausrangierte Schlecker-Kasse keine sozialkritische

Mixed-Media-Installation ist, sondern nur eine ausrangierte Schlecker-Kasse, an der wir alle schon mal anstanden, um 'ne Zahnbürste und Tampons zu kaufen.

Doch ist es nicht fancy, wenn im ganzen Ausstellungsraum knöchelhoch Sand liegt oder man anstelle des Galeriebodens Laufbänder vorfindet, auf denen man durchgehend vor sich hin joggen muss, um die an die Wand projizierten Fotos zu begutachten?

Eine Eiswürfel spuckende Maschine, dazu Fotokopierer und Agavenpflanzen, die von der Decke hängen.

Porno-Scherenschnitt, Popcornmaschine, ein Haufen Autoreifen, ein Raum voller Joints und die jungen Wilden immer mittendrin mit ihrem lethargischen Gekleckse und Gesprühe, eine malerische Masturbation.

»Ein Strich, und ich bin der Geilste, und meinen Namen schreib ich vorne drauf, in Impact!« Das ist die Devise der heutigen Zeit, und Berlin beherrscht es perfekt. Du musst gar nichts können, keine Sorge. Du musst nur möglichst laut mit deinen Eiern klatschen, irgendwann machen alle mit und applaudieren dir und deinem Scheiß.

Doch Obacht, bald kannst du gar nicht mehr unerregt an einer Kasse stehen, denn alles ist Kunst, dein Atem, die Schuppen in deinem Haar und die TK-Pizza aufm Band, weil du nicht kochen kannst. Zu busy, eins mit deiner Kunst, alles ist profan. Bitte nicht stören! Doch dann fragt die Kassiererin nach deiner Payback-Karte, und die Realität schlägt dir ins Gesicht, du bist ein Mensch und kein Malerfürst, ein Heini, der einkauft, Butter und

Tequila. Bar oder mit Karte? Du hast vergessen, eine Tüte einzukaufen. Armselig.

Frau Müller fragt: »Wollen Sie den Bon?«

Und du stammelst: »Ihnen auch! Äh … Ich mein … Hitler!«

Wer schon mal vom Rosenthaler Platz zur Eberswalder Straße gefahren oder gelaufen ist, sich also den Weinbergsweg hochgeschleppt hat, der kann erahnen, warum der Mutti-Kiez das Prädikat »Berg« innehat ... Es hat eben nichts mit dem »Berg« zu tun, den viele weibliche Prenzis vor sich hertragen, sondern mit der bescheidenen Steigung, die sich vor allem im kleinen Weinbergspark offenbart, in dem aufgrund seiner Hanglage sogar mal Wein angebaut wurde. Wein in Berlin-Mitte, in Nord-Ostdeutschland, Wein ... Wie immer sehr bescheiden, dieses Berlin.

Der Weinbergspark ist im Sommer stets ordentlich frequentiert und mutet zuweilen an wie ein Freilichtkino, bei dem die dusseligen Parkhocker allerdings keine Leinwand anglotzen, sondern die semihübsche Brunnenstraße samt vorgelagertem Wasserrosen-Sumpf-Teich, angereichert mit viel Rotz, Kotz und anderen Körperflüssigkeiten.

Ja jut, dit is noch Mitte, aber halt auch schon scheiße.

Oben angekommen im PrenzBerg oder »Pregnancy Hill«, wie das verschwabte Kleinod gern liebevoll genannt wird, regiert vor allem eine Truppe: Muttis! Mutti-Cafés, Mutti-Yoga, Mutti-Shops, Mutti makes the world go round. In den Fitnessstudios gibt es Kinderbetreuung, Kitas reihen sich aneinander, und possierliche Kinderklamottenläden à la »Heidis Honigbienchen« oder »Ernas Elefantenfurz« machen hier Big Business!

Vor den Cafés stehen die dicken Kinderkarren, nur feinstes Zeug, die Bentleys für die Kurzen. Wer nicht klotzt, fliegt raus aus der Lokalität mit einem Geräuschpegel wie am Hauptbahnhof zur Feierabendzeit. Brustvergleich, High-End-Spielzeug und Kinder-Latte aus Milchschaum. Dazu gibt es jeden Mittag das Toddler-Menü aus Teller und Gabel – »zum Musizieren – Zwinker«.

So weit, so gut. Doch Muttis wollen auch 'ne geile Röstung, brustfrei im Schaufenster zwischen Hipstern sitzen und den schicken Wagen neben den Tisch stellen. »Ja, ist meiner, haben wir uns gegönnt, ist halt super robust.«

Prenzi sagt: »Whatever you want!«

Mitte sagt: »Hier kommste nüsch rein« und stellt Betonpoller vor die Tür.

Prenzi-Mutti ist empört, diskriminiert und bereit, die Mama-Massen in den Shitstorm zu führen! »Der da, der Sack! Den machen wir fertig!«

Das Poller-Café musste zeitweise schließen wegen Morddrohungen. Mutti-Aufstand in der Tagespresse über Brüste im Café und Wickeln im ICE.

»Was guckste so blöd, I'm the Queen, Du Lauch!« Das Thema ist heiß, und ganz PrenzBerg tanzt in Trance brustfrei ums Feuer. »Geil, geil, wir sind Frauen, wir sind Feministinnen, wir holen uns unsere Rechte!« … Uuuuh Aaaah!

Hier für euch, ein Poller aus Worten: Ist mir egal, was

ihr macht, aber ich als Frau, als Feministin, will meinen Käsekuchen ohne eure Nippel essen.

Ihr habt doch alles, was wollt ihr denn noch? Der ganze Bezirk ist euch zu Diensten und auf den Wanst geschneidert, nun lasst den Single-Ladies und den Kinderlosen die letzten Genussbastionen, in die sie sich zurückziehen können, um mal ein anständiges Gespräch zu führen. Als Dortmund-Fan gehe ich auch nicht in die Schalke-Kneipe und wundere mich dann über Spucke im Bier …

Berlin spült bekannterweise alles zusammen, was nicht irgendwo im sicheren Hafen verankert ist oder mit beiden Beinen fest auf der Erde steht. Hier findet man in jedem Mietshaus ein wildes Potpourri aus der Kiste »Mensch«.

»Eine gemischte Tüte bitte! Ja komplett mit allem, auch Lakritz und das Schaumzeugs.«

Nachdem ich Prenzi aus bekannten Gründen verlassen hatte, zog ich ein Stück weiter nach Mitte. Auch hier reichte es nicht für ein Townhouse, und so konnte ich das Thema Nachbarn leider wieder nicht umgehen. Es wartete alles, was das Herz begehrt, für jeden Schnack was dabei. Speziell die ältere Generation sorgte regelmäßig für große Erheiterung. So wohnte im Erdgeschoss Herr Dietz, der es sich nicht nehmen ließ, gern und oft die Pakete seiner Mitmenschen anzunehmen, um sie dann ohne Beinbekleidung nur im formschönen Slip dem eigentlichen Empfänger zu übergeben.

Wenn man zum Feierabend bei Herrn Dietz klingelte, um den zuvor unnötigerweise bestellten China-Wums abzuholen, hörte man ihn in der Wohnung hektisch umherrennen, bevor er nach ein paar Minuten die Tür öffnete. Umso größer war die Überraschung, dass er es mit seinem Pläuzchen dann trotzdem nicht in eine Hose geschafft hatte.

Normalerweise würde man in so einer Situation ja kurz erklären, warum man gerade ohne Buxe die Tür öffnet …

»Komme gerade ausm Bad«, »Hab geschlafen« oder »Ich habe gerade ein spezielles Filmchen im DVD-Player ...«

Weit gefehlt. Herr Dietz stand mit einer Selbstverständlichkeit mit dem Kneifhöschen vorm Nachbarn, als wär's nix.

Irgendwann war ich mir sogar sicher, dass er sich zwischen »Moooment« und »Komme gleich« genüsslich des Joggers entledigte und sich diebisch freute, nun gleich der Studentin ausm zweiten Obergeschoss das »Paket« zu präsentieren. Dann stand er innerlich heiter quiekend im Türrahmen, die Beinchen nackelig und zitternd, weil sie Tag ein, Tag aus den dicken Ranzen durch die Stadt schleppen müssen. Dann wurde das Wetter bemängelt und der Kopf geschüttelt über die politische Lage der Nation, während man als abholender Part nur damit beschäftigt war, sich eine schicke Shorts in XXL mit Blumenmuster vorzustellen, was leider nie gelang.

Im vierten Obergeschoss wohnten die Eheleute Walther, die dafür zuständig waren, das Treppenhaus mit ihrem Körpergeruch zu parfümieren. Ihre Wohnungstür war regelmäßig der Jahreszeit entsprechend geschmückt mit passender Hängedeko und Fußmatte. Am Türrahmen hing ein Blöckchen mit Stift, falls ein Nachbar mal eine launige Nachricht hinterlassen wollte (das wollte niemand), und zu Weihnachten gab's Rentiere extra. Alles sagte liebevoll »Willkommen« und »Be happy«, nur nicht Frau Walthers Gesicht, das sagte: »Ich werde Dich töten.«

Da war stets richtig Stimmung in der Bude. Hätte das Wort »stinkig« ein Gesicht ... voilà!

Herr Walther tat mir leid, und ich war mir eigentlich immer sicher, dass ihn irgendwann aus Versehen eine schwere Kristallvase am Kopf treffen würde, nachdem er seiner Frau das Frühstücks-Ei zu hart gekocht hatte. Dann würde er tot im Flur liegen, während sie ihn anschubst und anschreit, dass er ein Depp sei und warum er das Ding denn nicht gefangen hätte, und dass er jetzt alles vollblutet, was sie wieder wegwischen müsste. Sie würde ja immer alles wegwischen, während er nur fernsieht oder an seinem Fahrrad schraubt. Dann würde sie ihn in Einzelteile zerschneiden und Gulasch draus kochen. Der würde dann nicht schmecken, woran Herr Walther auch noch schuld wär. »Noch nicht mal das«, würde Frau Walther sagen und wüten und schwitzen und dann in Unterhosen aufm Balkon die Blumen gießen, um sich zu beruhigen.

Na gut, wir werden sehen. Ich war jedenfalls regelmäßig in Sorge, wenn es im Treppenhaus seltsam roch. Dann fragte ich mich: Ist es Verwesungsgeruch, weil irgendwo einer liegt und es keiner merkt, oder hat sich nur irgendwer schnell ein Arschloch in die Pfanne gehauen? Gebratenes Arschloch mit einem Klecks Kartoffelpüree. Kurz anbraten, in Butter mit einem Stengel Rosmarin, drei Minuten von jeder Seite. Fertig.

Vielleicht hätte ich mal auf den Zettel am Türrahmen schreiben sollen: »Hallo, hier 402, ist noch was vom gebratenen Arschloch übrig oder von Herrn Walthers Hinterschinken? Tupperware steht bereit!«

Berlin ist groß, sehr groß, beinahe so groß, dass man Jetlag hat, wenn man von Dahlem nach Köpenick tourt. Wie soll man diese Distanzen überbrücken, diese ewigen Wege, obwohl man eigentlich nur mal schnell irgendwo was abholen muss oder in Gesellschaft ein Bier trinken mag? Gar nicht so einfach, vor allem, wenn man bedenkt, dass Ost und West in Sachen Nahverkehr über Jahrzehnte ihr eigenes Süppchen kochten. Auf dem Linienplan ist die Mauer noch immer sichtbar, denn der Tramverkehr bleibt am Kupfergraben hängen, während der Westen ganz auf das Thema Bus setzt.

Da Carsharing aufgrund verstopfter Straßen und unbefriedigender Parkplatzsituation auch schnell durchgespielt war, kamen fuchsige Früchtchen auf die glorreiche Idee, die Großstädte mit Leihfahrrädern vollzuballern. Die Bürgersteige verkamen zum Hindernisparcours, da wirklich an jeder Ecke ein Fahrrad rumstand. Und mit »rumstand« meine ich: mitten im Weg! Wie ein sperriger Türsteher, der sich vor dir aufbaut und raunt: »Du kommst hier nicht lang.«

Ja, ach was, sehe ich auch.

Also ab durchs Hundeklo, den Baum hoch, hinten am Ast rüberhangeln an die Regenrinne, und dann waghalsig runterhopsen. Anders geht's nicht, außer du hast ausgeprägte Oberarmmuskulatur, dann kannst du das Teil natürlich dekorativ ins Gebüsch hängen oder in der Spree versenken.

Hach, die Helden des Alltags … Wenn du aber ein Knilch bist, so wie ich, dann bleibt dir nichts anderes übrig, als dich tagtäglich über die Trottel zu ärgern, die es nach der Party vom Vorabend mit besoffenem Kopp besonders lustig fanden, die Bikes direkt vor einer Haustür abzustellen. Funny.

Und dann kommt der Sommer, und es gibt nicht zwei Leihfahrrad-Anbieter, nein, es gibt zehn. Eins ist grün, das nächste neon-orange, und alle haben fancy Namen, damit der Hipster und der Touri Hand in Hand ein Tänzchen machen, weil das Fahrrad perfekt zum Style passt.

Doch wer hätte das gedacht, nach zwei Wochen sehen alle Räder aus, als hätte man sie für Jahre ins Berghain-Klo gelegt. So richtig durchgenudelt stehen sie jetzt da, Kratzer, Schrammen und Schwund von wichtiger Hardware ist des Radels Status. Dabei ist Berlin doch dafür bekannt, mit allem und jedem sorgsam umzugehen … nicht.

Nun gut, der Drahtesel ist out und durch, so musste also dringend was Neues her! Und nachdem E-Roller das Stadtbild verschönerten und vor allem durch ihren rhythmischen Sound und die Läuse-Helme auffielen, kam nach reichlich PR und Presseaufschrei endlich das Must-have beziehungsweise Must-use der Streets: der E-Scooter.

Danke, Gott, Du hast uns erhört und uns endlich ein Gefährt gesandt, das allen anderen Lebensformen umgehend klarmacht, dass der Homo Sapiens ein Trottel ist.

Ein erwachsener Mensch auf einem E-Scooter ist das

Uncoolste, was jemals stattgefunden hat, das ist sogar noch uncooler als jemand, der sich zum Fahrradfahren ein Hosenbein abschnürt.

Und nein, es wird auch nicht besser, wenn zwei Trottel auf dem Trittbrett stehen, nein, auch nicht, wenn man damit einen Kasten Bier oder sogar einen anderen E-Scooter transportiert (WTF?).

Die Touris klatschen und hopsen, aber auch der Business-Heini greift gern auf das schnittige Frischluft-Gefährt zurück. Lässig im Anzug, der Schlips wedelt wild im Fahrtwind, während die Aktentasche easy am Lenker baumelt, so reitet der Büro-Cowboy in den Feierabend, denn das Aperölchen ruft.

Und wer ist wieder der Arsch? Richtig, der Fußgänger. Denn hopsen die Irren einmal ab, ist der Rest egal. »Kannste auch hinlegen, who cares, der Ständer ist eh schon ab.«

Ja, der Ständer ist ab, und er hat deine Würde gleich mitgenommen und schlägt ihr gerade ins Gesicht, du Lappen.

Der E-Scooter liegt also auf dem Gehweg zusammen mit seinen drei blinkenden Freunden, panisch blicken sie sich an, nicht dass sie aus Versehen ein Hakenkreuz performen, denn das finden manche witzig.

Die Straßenlaterne ist leider kaputt, und so warten die E-Scooter auf den nächsten Blinden, der sich mit ihrer Hilfe eine weitere Behinderung zulegen kann.

Als ich 2011 nach Berlin kam, um an der Philosophischen Fakultät der Humboldt-Uni mein Wissen zu vervielfältigen (lol), fiel mir eins sofort unbehaglich ins Auge: Die direkte Nachbarschaft und die legendäre Prachtstraße Unter den Linden waren eine einzige Baustelle. Keine Spur von Prunk, Eleganz und historischem Geist. Die Staatsoper versteckt hinter Gerüst und Spanplatten, die Bibliothek verhängt und schäbig abgeschottet und die Straße selbst ein wirres Labyrinth aus Absperrungen und Schildern.

Schon bald ging dann zusätzlich das Gebuddel für die Schlosskopie los, und auch die Mensa der Uni war dicht und wurde durch ein ehrenloses Plastikzelt im Innenhof ersetzt. Ich dachte: Na ja, dit is Ballin, die Hauptstadt, die haben Dampf unterm Kessel, wird schon bald alles fertig sein.

Hm.

Der BER sollte 2011 eröffnen, das hatte dann irgendwie nicht geklappt, auch 2012 nicht und auch nicht 2013, auch nicht 2014, nicht 2015 … Na, lassen wir das.

Auch die Bibliothek blieb verborgen, und die U-Bahn-Station »Unter den Linden« öffnete 2020, zehn Jahre nach dem ersten Spatenstich.

Die Staatsoper sollte 2013 wieder in Betrieb genommen werden, hat nicht geklappt, auch nicht 2014 und auch nicht 2015, 2016 auch nicht, aber 2017, tätärätäää, war es dann so weit!

Also wenn Berlin eins so überhaupt gar nicht kann, dann sind es Baustellen. Mal Ordnung machen in der Bude. Mal schnell die Tapeten runter, neue drauf, fertig. Alte Kloschüssel raus, neue rein. Heizkörper anschleifen, Lack drauf, toppi. Nee, Berlin ist da anders drauf. Kloschüssel raus → ja. Neue Kloschüssel rein → heute nicht mehr, vielleicht morgen. Oder übermorgen. Man kann kleine und große Geschäfte auch mal in 'nen Eimer machen, is ja nur für den Übergang, vier Jahre Übergang.

Die Tapete kratzt Berlin schon auch mal ab, aber nur untenrum, so zur Hälfte. Spachtel, Abfall und Kleister stehen dann allerdings trotzdem im Weg rum, damit man auch wirklich drüber stolpert und sich die Knochen bricht. Der Heizkörper wird nicht lackiert, nein, der wird ausgetauscht! So! Sehr gut, endlich mal keine halben Sachen. Abschrauben, wegschmeißen, hier wird geklotzt! Ah Mist, gerade erst gesehen, die Lieferzeit für den neuen beträgt drei Jahre … na nuuu, macht man sich im Winter halt ein Feuerchen im Wohnzimmer, ist doch gemütlich. Und wenn der PVC-Boden anschmilzt, wird man durch die giftigen Dämpfe gleichzeitig noch ein bisschen high! Win-win!

Aber es muss auch nicht immer gleich eine U-Bahn oder ein Flughafen sein, nein, auch die kleinen Baustellchen verbockt Berlin mit Bravour! Da will man dem niedlichen Airbnb-Kiez in Mitte gern neue Gehwege spendieren, damit die Rollkoffer der Touris nicht so leiden müssen, wenn sie über die buckligen Charakterplatten kullern, doch dann beauftragt irgendein Profi die Firma »Pümmel«, die es dann grandios verkackt!

Drei Jahre werden benötigt, um zweihundert Meter Gehweg zu modernisieren. Zu Beginn wird alles Mögliche feierlich angekarrt, Absperrungen, Bürocontainer und ein mobiles Klohäuschen. Dann wird sich erst mal gemütlich eingerichtet und alles wackelig abgesperrt. Parkplätze fehlen, der Gehweg ist gesperrt. Dann passiert zunächst nix. Die FußgängerInnen leben gefährlich, müssen waghalsig an den Autos entlang die Fahrbahn benutzen, rennen um ihr Leben. Dann Obacht! Der Gehweg wird aufgerissen, die Platten entnommen, es geht voran! Es kann sich also nur noch um Wochen handeln, bis wieder Ruhe einkehrt.

Doch auch für Baustellen gilt »Ich habe es angeleckt, es ist meins.« Und Pümmel sagt sich: »Männer, wir haben den Auftrag, jetzt machen wir erst mal ein halbes Jahr Urlaub auf Kosten der Stadt. Außer Bernd, der muss alle vier Wochen mal nach dem Klo und den Absperrungen schauen.«

So liegt er dann da, der Gehweg. Nackt. Bis auf den Sand ausgezogen und aufgehackt, manchmal zumindest noch plattiert. Eingezäunt und offen gelegt. Wie ein Patient, den man kurz vor der Mittagspause aufschneidet und dann aufgeklappt warten lässt, weil Kaffee und Mettbrötchen rufen.

Bald ist der Gehweg voller Müll, weil auch die Straßenreinigung dort nicht hindarf. Die Weihnachtsbäume liegen dort auch noch im Juli, und das Stück Käsekuchen vom Osterfest hat inzwischen eine kleine Familie gegründet.

Und wenn es etwas gibt auf der Welt, das dem Menschen zeigt, dass er ein faules Miststück ist, das es nicht fertigbringt, einen Gehweg zu sanieren, dann ist es Unkraut. Nach Monaten der Unfähigkeit und Ignoranz sagt sich die verdrängte Natur irgendwann »Ach fuck it! I'm back!« und ist dabei der kleine grüne Stinkefinger des geschundenen Gehwegs. Also wachsen Pflänzchen und Pflanzen, Gras und Blümchen. Bald mannshoch. Und dann laufen die FußgängerInnen durch einen kleinen Urwald, denn die Absperrungen sind umgefallen, weil Bernd gekündigt hat. Und dann ist der Gehweg nicht mehr nackt, sondern ein Acker, und es ist Urban Gardening, wie es Berlin doch so liebt.

Doch natürlich kriegt Pümmel Wind und schickt ein paar Burschen, die alles aus dem Gehweg rupfen und von vorn beginnen. Platten gibt es keine, denn die kriegt man gerade nirgendwo, und Personal ist auch nicht zu bekommen. Aber Hauptsache, die Absperrungen stehen stramm. Tschüss, bis zum nächsten Mal. Dann liegt wieder monatelang alles brach und nervt.

Berlin, die ewige Baustelle, die zwei Schritte vor und drei Schritte zurück macht. Die nicht weiß, welche Wandfarbe sie will und welchen Bodenbelag. Die, die sich nicht traut, einfach mal fertigzuwerden, sich festzulegen, den Deckel draufzumachen. Denn das könnte ja langweilig sein, konsequent und gar nicht durchgeknallt. Und so bleibt der Farbtopf offen stehen, bis der Inhalt ausgetrocknet und nutzlos ist. Dann gibt es wieder keinen Fliederton für Berlins Wände, und das, was bleibt, ist roher, grauer Putz und ewiges Suchen nach dem, was im Spiegel zu sehen wäre, wäre er nicht längst zerbrochen.

Als ich an meinem ersten Tag als zugezogene Neu-Berlinerin zum Supermarkt lief, tat ich dies in Sportshorts und Winterstiefeln. Das lag halt oben drauf im Karton, und hier kannte mich ja sowieso noch niemand, den ich mit dieser gewagten Kombi hätte enttäuschen können. Doch zu meiner Überraschung interessierte es niemanden, denn irgendwie waren so ziemlich alle etwas sonderbar gekleidet. Wild zusammengemixt, geschmacksbefreit, Altkleidersammlung meets Technoclub, Strick-Pullunder meets Bikini.

In meiner anfänglichen Naivität fand ich das beeindruckend, es schien mir, als dürfte hier jeder einfach sein, wie er mag, und machen, was ihn glücklich macht. Ich dachte, Berlin drückt stets ein Auge zu, ist happy, wenn du happy bist, und hat für die Kreativen dieser Stadt sowieso immer einen motivierenden Extraklaps aufs Popöchen übrig. Ich dachte, »Let It Be« und »All You Need Is Love« wären hier die Parolen, und Berlin wäre tief drinnen die alte Hippie-Seele, die Freundschaftsbändchen knüpft, während der Blumenkranz auf dem zauseligen Haupthaar thront.

Doch leider ist Berlin gar kein Hippie, und der Blumenkranz ist ein alter Fahrradschlauch, in dem noch ein Messer steckt. Und leider ist Berlin genauso spießig wie die Musik der Beatles, denn »Yesterday« ist lange her, und so spielt Berlin nicht mehr live, denn die Leute nerven, und die Nickelbrille beschlägt.

Im Anzug mit Pilzkopf kommt Berlin nun daher, während es zu »Yellow Submarine« quietschend auf der Bierbank schunkelt. Es ist, als würde ein kleiner ranziger Punkrock-Boy versuchen dazuzugehören zu den beliebten Dudes, zum Hype. Als würde er verbergen, dass er Löcher im Schlüpper hat und ein Arschgeweih, denn er will oben in den Charts stehen, ein Big Player sein, und er will Respekt.

Auf Berlins Tinder-Profil steht »open minded« und »zum Pferdestehlen gut«. Die Realität sagt: »Wehe, Du betrittst meine Rasenfläche, sonst mix ich mir aus Deinen Zehen 'nen Smoothie!« Die Grünanlagen bestechen stets vor allem durch eins: Durchgestrichenes. Es ist alles durchgestrichen, eigentlich darfst du nur gucken, aus zehn Meter Entfernung mit Fernglas. Der kleine Anzug tragende Punker streicht halt gerne durch und macht dann schicke Aufnäher fürs Revers.

Irgendwann wurden auch hier im Innenhof Schilder aufgestellt, der Innenhof, für den ich Miete zahle, mit dem armseligen Kinderspielplatz, für den ich Instandhaltungskosten zahle, der Innenhof mit den zwei gammeligen Fahrradhäuschen und den Wäscheleinen aus den Siebzigern. Diesem Innenhof hat der Anzugpunker jetzt ein paar Schilder mit Durchgestrichenem verpasst. Müll = durchgestrichen, Party = durchgestrichen, Spritze/Pillen/ Crystal Meth = leider auch durchgestrichen, ein Spanferkel am Spieß = ebenfalls durchgestrichen.

Spanferkel am Spieß? Och menno, echt jetzt? Das hab ich hier voll gerne zubereitet, beinahe jede Woche, aber ok, grill ich halt in Zukunft Würstchen.

Dazu kamen noch Schilder mit »Hier nicht« und 'nem kotenden Hund, sowie der Beisatz »Hunde sind von den Rasenflächen fernzuhalten«.

Ganz ehrlich, du dämlicher Beatles-Fan, ich glaube, Hunde-Ausscheidungen sind dein absolut kleinstes Problem.

Wer jetzt denkt, da hätte Berlin einfach mal einen schlechten Tag gehabt und einfach mal ein bisschen Ruhe gebraucht nach 'ner legendären Sisyphos-Nacht, der irrt.

Willst du als Indie-KünstlerIn ein Low-Budget-Video zu deiner neuen Single aufm Tempelhofer Feld drehen, musst du kostenpflichtig eine Genehmigung einholen, sonst gibt's richtig Ärger. Auch sonst heißt es gerne »Her mit der Kohle«, wenn du temporär für Kultur ein bisschen Raum brauchst. Die Universitäten hüpfen gleich mit drauf auf den Karren und machen Stunk, sobald man ihr schwarzes Brett missbraucht und Studentenjobs in 'ner Bar anbietet. »All You Need Is Love«, blabla.

Im Vegan-Restaurant darfst du einen Tisch nur für zwei Stunden reservieren, danach gibt's wortlos die Rechnung und ein stummes »Verpiss Dich«, mit den Augenbrauen gesprochen, und wenn du Allergiker bist und daher die Haselnüsse im Hauptgang nicht überleben würdest, zahlst du drauf wegen Extrawurst, sorry, Extra-Gemüsesticks. Herrlich, dieses Berlin, so ein zerrissenes Arschgesicht, Two-Face, wie Paul und John.

Am Anfang liebt man sie, die kleinen Spleens und Eigenarten, das Riot-Shirt zum Boss-Anzug, Champagner ausm Cola-Glas oder Kaviar zum Dosenbier. Doch am Ende ist das doch einfach nur noch anstrengend. Genauso wie das zermürbend unendliche Gedudel des »Nananananana« am Ende von »Hey Jude«.

Für den possierlichen Großstädter, der sein Dasein in Häuserschluchten und U-Bahnhöfen fristet, wird der Begriff »Natur« schnell zum Fremdwort beziehungsweise umdefiniert.

Balkonien ist für viele arme Seelen ein bloßer Mythos, und so verbringt man den Sommer gemütlich im Park. Gepflegte Gartenarchitektur, frisch gemähten englischen Rasen, exklusive Flora und Fauna und ein hübsches verwunschenes Kuchencafé findet man in Berlin nicht. Park ist in Berlin das, was früher mal Mauerstreifen, Bahnstrecke oder Trümmerhaufen war. Zumindest fühlt es sich so an. Gehst du in Berlin durch einen Park, musst du immer damit rechnen, einem Dealer, einem Exhibitionisten oder einer Leiche zu begegnen.

So fragt man sich, wer denn wohl dafür verantwortlich war, dem verlorenen Stück der Swinemünderstraße, wo früher mal die Grenze verlief, das Prädikat »Park« zu verleihen. Der Mauerpark, der Prenzi vom Wedding trennt, ist das Paradebeispiel für Berlins Erholungsgebietsproblem. Dieser Ort ist derart trist, da fangen sogar die Dealer regelmäßig an zu heulen, bevor sie ihre Mama anrufen, um zu sagen: »Hab Dich lieb!«

Auf der einen Seite ist ein Hang mit 'nem »Hundeplatz« so groß wie ein Schuhkarton, dazu 'ne Graffiti-Wand und Schaukeln. Unten gibt's ein Basketballfeld, Sitzgelegenheiten aus Beton und Freifläche aus Matsch. Wer's gern morbide mag, hat hier sein Ziel erreicht. Im Sommer schleicht sich schnell die Campingplatz-Atmo heran und verwandelt dieses erbärmliche Fleckchen Erde in ein erbärmliches Fleckchen mit viel Grillgut und Bluetooth-Boxen.

Ich habe ein einziges Mal den Fehler begangen, am ersten warmen Sonnentag des Jahres durch diesen Streifen Elend zu laufen. Es begann schon schlecht, als ich mich durch Menschenmassen vor der Max-Schmeling-Halle drängelte und aufgrund der konstant modischen Entgleisungen der Besucher nichts Gutes erwartete. Der Nightliner ließ dann keine Fragen offen … The BossHoss, yeehaaw!

Zeitgleich spielte Dortmund gegen Bayern, was ich leicht unentspannt auf dem Handy tickerte. Kaum war ich in den »Park« abgebogen, fiel das erste Tor. Hummels, der Judas. War er doch damals kurzzeitig zur dunklen Seite zurückgekehrt.

Als ich dann sah, wo ich mich befand, war der Drops gelutscht. Umkehren konnte ich nicht, denn da warteten ja The BossHoss mit ihren Knechten. Geradeaus weiterlaufen schien mir ebenfalls unmöglich, denn da waren sie. Alle. Die Griller, die Großfamilien, die Junggesellenabschiede, die Frisbeespieler, die Techno-Zappler, die, die einfach nur jemandem aufs Maul schlagen wollten, und Bayern-Fans, denen ich gern aufs Maul schlagen wollte.

Ich fühlte mich wie bei Karstadt im Sommerschlussverkauf, wie in einer Fünf-Personen-Sauna zusammen mit zehn dickbäuchigen Herren. Wie ein Otter im Heringsschwarm, es war Stresslevel 1000.

Helene hier, Deutsch-Rap dort. Die armen Dealer mussten bei dem Anblick bestimmt wieder erst mal Mama anrufen. Das hätte ich auch gern gemacht, um anzukündigen, dass ich gleich entweder auf der Wache lande wegen Krawall oder für die nächsten Stunden nicht erreichbar bin, da ich einem The-BossHoss-Konzert lausche. Aber an Telefonieren war nicht zu denken, denn erstens hätte man kein Wort verstanden und zweitens musste ich ja tickern ... 0:2, 0:3, 0:4, 0:5 – kotz!

Ein Jahr später entstand dann neben dem Mauerpark der neue Mauerpark, der »gute Mauerpark«, denn hier war der Rasen grün und die Laune wunderbar. Es war wie Gut neben Böse, Arm neben Reich, tot neben lebendig, und doch wurde schnell klar, dass der neue Mauerpark nicht lange gegen seinen hässlichen Bruder anstinken können wird. Denn der Wedding kommt, und er kommt endlich an, und zwar im guten Mauerpark! Hurra!

Die gesamte Graunstraße ist vor Ort, raucht Shisha und chillt. Daneben die Sportmode-Opfer, die den Einmal-Grill von der Tanke befeuern, liebevoll das Ein-Euro-Kotelett drauf betten und sich morgens wundern, dass der Furz nach Selbstmord riecht. Die Hundehasser verstreuen Hühnerknochen und die Umwelthasser Plastikgabeln. Kotze liegt unterm Baum, die Pisse tropft vom Ast, doch der Typ mit dem The-BossHoss-Shirt schmiegt sich in seinen Klappstuhl, kratzt sich am Sack und säuselt: »Ham wa's nüsch schön? Is fast wie Mallorza.«

Nachdem 1990 die Wiedervereinigung dafür sorgte, dass Bonn sich endlich wieder zur kleinen langweiligen Studentenstadt zurücktransformieren konnte und stattdessen Berlin das Hauptstadtzepter entgegenschmiss, gibt es an der Spree nicht nur Techno und Wirtschaftsboom, sondern auch wieder Macht und Politik. Hier kommen die mächtigen Menschen zusammen, hier werden die Entscheidungen getroffen, hier wird regiert! Der Reichstag ist Magnet jeder Touri-Gruppe und des Kanzlers »Waschmaschine« ein gern genommener Gag.

Das Regierungsviertel besticht nicht durch Bescheidenheit, sondern macht deutlich, dass hier jetzt so richtig rangeklotzt wird! Der Reichstag wurde ordentlich aufgepimpt, mit Kuppel und Star-Architekten, zudem vollgestopft mit Kunst und mahnenden Installationen. Zum Neustart sollte es Tabula rasa geben, schick aus Glas und Sichtbeton. Auf dem Dach vom Reichstagsgebäude tummeln sich die Besucher und laufen wie die Lemminge im Strom die Kuppelschnecke hoch. Wer bei Sonnenschein emporsteigt aufs Dach, muss allerdings um sein Augenlicht fürchten, denn der Anstrich ist schlecht gewählt und so grell, dass man fast erblindet.

Im Kellergeschoss findet sich hingegen Christian Boltanskis düstere Installation »Das Archiv der deutschen Abgeordneten«, die im Rahmen des Wiedereinzugs des

Bundestags 1999 eingebaut wurde. Knapp fünftausend Metallkisten sind in einem flurähnlichen abgetrennten Bereich übereinander und nebeneinander gestapelt. Für jeden zwischen 1919 und 1999 gewählten Abgeordneten gibt es eine rostige Kiste mit Namensschild. Auch Hitler hat eine rostige Kiste, genauso wie Goebbels oder Göhring. Die NSDAP-Kisten werden regelmäßig beschädigt, kräftig eingedrückt oder die Etiketten eingerissen. Dann werden sie entnommen, kostspielig restauriert (Hallo, Steuerzahler) und wieder eingesetzt.

Ich frage mich, warum? Ja, es ist Vandalismus, ja, es ist rohe Gewalt, ja, es ist die »Umformung« eines Kunstwerks, aber ist das nicht legitim? Klar, jeder Besucher hat bestimmt innerhalb der fünftausend PolitikerInnen seinen persönlichen »Liebling«, dem er gern mal eine mitgeben würde, aber im Fall der genannten Arschlöcher ist es doch ein nicht streitbares gesellschaftliches sowie historisch begründetes Statement und sollte in das Kunstwerk mitaufgenommen werden.

Auch die Hitler-Geschichte bei Madame Tussauds habe ich nicht verstanden. Man baut dieses Frettchen aus Wachs nach, stellt es zwischen Justin Bieber und CR7 und wundert sich dann, dass einer kommt und dem Figürchen den Wachskopf abschlägt. Und anstatt dass man es einfach so belässt oder den restlichen Wachs-Wums abbaut, restauriert man die Figur und packt sie folglich hinter Glas inklusive Security. Dann argumentiert man, Hitler sei schließlich ein Teil der Berliner Geschichte, der nicht vergessen werden dürfe … Und da ist es natürlich sinnvoll, diesen Teil zwischen Rihanna und Franz Beckenbauer zu stellen, denn Berlin loves to entertain you.

Aber klar, es lässt sich halt auch viel Asche machen mit Hitler, der Mauer, den Todesstreifen und dem gesamten Elend der damaligen Zeit ...

Abgesehen davon besticht das politische Berlin zudem auch vor allem durch eins: Demonstrationen. Der Berliner demonstriert ja gern gegen alles und jeden und am liebsten zur Feierabendzeit, um möglichst vielen Unbeteiligten auf 'n Sack zu gehen. Dann wird die gesamte Friedrichstraße gesperrt samt Straßenbahnverkehr, und zwanzig Polizisten abgestellt, um fünfzehn Gestalten dabei zu begleiten, wie sie für den Umweltschutz demonstrieren. Die, die sich angesprochen fühlen sollten, also die Auto- und Motorradfahrer, fluchen nur kurz, denn die können den Schleichweg nehmen, während das arme straßenbahnfahrende Schwein nun nach Hause laufen darf. Danke schön.

Und zu Hause angekommen, brennt womöglich wieder irgendwo ein Auto, und ein Haus ist mit Parolen beschmiert, denn die Gentrifizierung lässt die Radikalen recht kopflos werden. Also wird der schicke Audi angekokelt, geil, doch welch Überraschung, den Flammen ist das Label egal, und so verbrennt zugleich der Family-Škoda mit Lieblingsteddy Kurt und der Toyota von Krankenschwester Inge.

Ja klar, Schwund ist immer, und Protest muss auch mal wehtun, damit alle aufwachen. Das denkt sich zumindest der verwöhnte Mitte-Teenie mit dem Grillanzünder, der in Nike-Tretern und Gucci-Shirt die Konsumgesellschaft verteufelt.

Ganz toll sind auch die, die mit Farbbeuteln um sich schmeißen, weil im zweiten Stock irgendeine Politik-Nase wohnt, die zugegebenermaßen nur Dünnpfiff redet. Doch leider ist das Ärmchen schlaff, und so reicht die Wurfkraft nur fürs EG, wo Heinz gerade an seinem dritten Roman schreibt, während Tochter Amelie die Mathehausaufgaben macht. Die kleinen Ballons mit schwarzer Farbe krachen ins Wohnzimmer und dekorieren um, zweimal im Monat.

Dann streikt die Versicherung und sagt: umziehen. Also packt Heinz seine Sachen und zieht mit Amelie nach Tegel. Pollock wäre stolz gewesen.

Kreuzberger Nächte sind lang, trallala ... Ja, das sind sie immer noch. Dass Kreuzberg ein eigenständiger Bezirk ist, ist hingegen lange her. Denn es wurde fusioniert, und die kleinen Pups-Ortsteile Friedrichshain und Kreuzberg zu einem Bezirk zusammengeschweißt.

Wenn man es genauer betrachtet, war das eigentlich ein recht kluger Schachzug, denn bis auf die Trennung durch die Spree und die vergangene Ost-West-Spaltung sind die zwei Nachbarn irgendwie eine Soße. Es wird viel gefressen, Party gemacht und Dope ver- und gekauft. Überall hängen Plakate fürs nächste Ding, und man könnte die Clubs und Läden auch eins zu eins austauschen, und keiner würde es merken.

Klar, Kreuzberg hat den Görli, das Mekka der Abhängigen und Rauschies, den Ort, den die Stadt inzwischen an die Drogendealer hergeschenkt hat, damit sie halt da verkaufen und nicht überall anders. Und die Dealer sagen »Yeah« und bieten zum Dank noch einen Extraservice an und warten auf den Kunden direkt am U-Bahn-Gleis, um ihr gepanschtes Zeug an den nächsten Irren zu verticken.

Berlin will keinen Stress und die Dealer nicht in den Untergrund verschrecken, lieber beobachten und dann so tun, als wäre alles unter Kontrolle. Gehört ja auch irgendwie zum Konzept, das wilde Kreuzberg – ist ja beinahe autonom und wär gern so süß wie Kopenhagens Christiania.

Aber Kreuzberg ist nicht in Kopenhagen, sondern mittendrin im Berliner Wums, und süß ist hier vielleicht die Bergmannstraße oder die Kellnerin im »Würgeengel«. Alles andere ist von süß so weit entfernt wie ein Igel von flauschig oder ein Pinguin von flugbegabt.

Stattdessen gibt's hier den Kotti, bei dem ich mich stetig frage, wann sie ihm endlich das »z« überreichen, das ihm seit Jahrzehnten zusteht.

Was wollt ihr denn noch? Der Kottzi ist eine architektonische Ausgeburt der Hölle, die auf das Wort »Ästhetik« so lange einprügelt, bis dieses mit blutigen Fingern »Ich liebe Dich« auf die Straße schreibt und sich dann erhängt.

Hier gibt es Plattenbau mit Satellitenschüsselbefall, Kreisverkehr mit U-Bahn unten und oben, Unterführung inklusive.

Der Kottzi ist die pulsierende Ader auf der Stirn eines erbosten Mannes, der die Stille hasst und gerne staubsaugt. Danach schiebt er sich links und rechts einen Schraubenzieher ins Ohr und putzt sich mit Wasabi die Zähne. Herr Kottzi hat ein Megafon aus Stahl, der Schalter ist auf »on« festgetaped, der Akku immer voll. Und wenn er brüllt, schwillt die Ader mehr und mehr, bis sie so groß ist wie ein Würstchen.

An der Ecke gibt's dazu dann Rot-Weiß mit Schrippe vom Vortag und Pils, bevor sich am 1. Mai gegenseitig auf die Schnauze gehauen wird. Aber auch das gehört dazu, zum rauen Charme beziehungsweise zu dem, was Berlin als Charme bezeichnet, also das, was du hörst, wenn dir im Niemandsland am Halleschen Tor des Nachts einer entgegenschlurft und murmelt: »Na Püppi, willste mal sehen?« Und dann blickt dich ein trauriger Penis an, so groß wie ein Shrimp, und wenn er könnte, würde er sich entschuldigen und den Hut lüften, aber der Hut ist weg, und im gelben Licht der Leuchtreklame von dem billigen Möbelmarkt sieht er aus, als wär ihm nicht ganz wohl.

Berlin hat's halt drauf, die leisen Töne und große Gesten ... Doch irgendwann verstummen auch die Songs über Pankow und Kreuzberg. »Aber dann, aber dann« sind die Nächte nicht mehr lang, sondern jämmerlich und düster, und des Kottzis Ader platzt und ertränkt alles und jeden in seinem sinnlosen Schmodder.

Das sind meine letzten Worte an Dich, Berlin, meine Liebe.

Ich weiß, Du wirst nicht zuhören, denn Deine EarPods dröhnen laut, den Techno höre ich bis hier. Das ist keine Musik, Berlin, das ist nur ein Symptom für die gefühllose, statische und anstrengende Scheiße, die Du hervorbringst.

Wie konntest Du mir das antun? Ich habe Dich geliebt, Dir die besten Jahre meines Lebens geschenkt, Du weißt alles über mich. Und das ist der Dank? Ich bin doch bloß eine von vielen für Dich, und inzwischen nicht mehr in der first row, wo die reservierten Plätze sind. Weil ich nicht mehr mitgekommen bin, älter geworden bin und die Hotpants kneift.

Du hättest mal schauen können, wo ich bleibe, mal warten, mal Rücksicht nehmen. Nix. Du rennst einfach weiter, immer gehetzt, immer am Limit, immer mit Schweiß auf der Stirn.

Ja, Dein Ego treibt Dich an, arm, aber sexy, Hauptsache sexy, so sexy wie London und Paris. Aber, Berlin, Du bist nicht London und auch nicht oh, là, là, Du hast keine Kings und Queens, und Du hast auch keinen Eiffelturm und kein Croissant.

Du bist Schrippe und Currywurst, Du bist Maloche mit tiefen Wunden, die Du Dir mit Schminke zu überpinseln versuchst. Über Deine Narben kippst Du Glitzer,

Dein Betonherz wird verziert. Und warum? Damit täglich die Massen kommen und Dich liebhaben.

Die ganzen Fremden, die Dir untern Rock fotografieren, in deinen Adern herumspazieren und sich an Deinem schlecht verheilten Knochenbruch ergötzen, was tun die denn für Dich? Ich war da für Dich, immer da, habe Deinen Schmerz gefühlt, gesehen, wie's Dir geht. Und Du hast mir wehgetan, ich dachte, Du bist mein Zuhause. Ich wollte mit Dir alt werden, richtig alt, ein Berliner Urgestein, uralt.

Ich verlasse Dich. Sobald ich mein Zeug gepackt habe, zusammengesammelt aus Deinen Ritzen und Schubladen, werde ich gehen. Ich weiß, viel davon hast Du längst verbrannt oder verschenkt, aber meine Erbstücke sind mir geblieben, denn die hatte ich versteckt, mit Tape unters Bett geklebt, so konntest Du sie nicht finden und gegen Dope eintauschen.

Berlin, wie konnte es so weit kommen zwischen uns? Wo ist sie hin, die Romantik, das Vertrauen, die Sehnsucht, wenn man mal weg war? Früher war das ein magischer Moment, wenn ich zurückfuhr zu Dir und aus dem ICE-Fenster irgendwann von Weitem den Fernsehturm sah, als würdest Du mir zuwinken und sagen: »Hallo, wird aber auch mal Zeit, dass Du nach Hause kommst!«

Heute zeigst Du mir mit deinem Turm nur noch den Stinkefinger, und mein Zuhause bist Du schon lange nicht mehr. Stattdessen lebe ich hier wie im Exil, eher geduldet als gewollt, und jeden Tag schaust Du in den Kalender und hoffst, dass ich bald ausziehe. Aber wohin? Es gab immer nur Dich und niemand anderen. Aber Du bist nicht mehr da, ich erkenne Dich nicht mehr. Dein Gesicht gleicht einer Fratze, die Lippen hast Du aufgespritzt, die Nase operiert, und da, wo mal Dein Lächeln saß, ist jetzt ein fieses Grinsen.

Jeden Tag gehst Du ins Gym, lässt Dir von den Mundschutz-Mädels die Nägel machen, nachdem Du bei Primark neue Leggins kaufst. Deine Gästeliste ist immer voll, wenn Du an der Stange tanzt und Gin über Deine Brüste gießt. Dann fühlst Du Dich gut, begehrt und wahrgenommen.

Doch was soll der Scheiß? Jeden Tag der gleiche affektierte Mist. Jeden Tag ein neues Tattoo, am liebsten einen Anker, denn den hast Du bitter nötig. Jeden Tag ein neues Café, ein neuer PopUp-Store, ein Kommen und Gehen, wie die Pickel auf deinem Arsch, an dem noch das Strippergeld klebt.

Und welche Sprache sprichst Du jetzt? Ich verstehe Dich kaum noch, denn deine Schnodderschnauze ist verstummt. »Ich liebe Dich« sagst Du nur noch zu Dir selbst und zu den Touristen, weil sie Dich in ihrer nächsten Insta-Story verlinken. Deine Follower kennen Dich nur im Bikini und im Glitzerfummel. Peace, SWAG, YOLO vor der Eastside-Gallery. Mate und Duckface, danach ein bisschen Social Media im Co-Working-Space mit 'nem Coffee TOGO.

Das hier ist mein Abschiedsbrief, und ich werde ihn an jede verdammte Straßenlaterne kleistern, um es allen zu erzählen. Du, Berlin, bist eine ganz arme Wurst, verscherbelt und vorgeführt. Ein Bär an Ketten im traurigsten

Zirkus. Das Fell voller Staub, die Haut lausgeplagt. In der Nase steckt ein Ring, daran die Kette, die Dich zieht. Du bist die Attraktion, der Clown, der Tänzer, der die Massen staunend lockt. Das Röckchen schnürt ins Fett, und die Peitsche schneidet in die Pfoten. Doch Du willst das so.

Ich bin so unendlich wütend auf Dich, auf Dein Geschrei, den Lärm, den Du machst, wenn Du durch den Flur läufst. Dein Geschnaufe und Gezischel, das Piepen deines Weckers. Dein Gehetze und Deine Ungeduld. Deine Unverbindlichkeit und Deine »Projekte« und all diese Wichtigtuerei. »Wie, kennste nicht?«

Ich hasse Dich. Hasse Dich dafür, dass Du nie Zeit hast, aber ständig gegen irgendwas demonstrierst, obwohl es Dir im Grunde egal ist. Dass Du Dir ein Schloss baust, obwohl Du kein Benehmen hast. Du schnorrst ständig alle an, weil Du pleite bist und Dein Geld in sinnlosem Zeug versenkst. Du willst immer noch mehr, mehr, mehr, mehr, mehr Häuser, mehr Menschen, mehr Hotels und mehr Flughäfen, und das, obwohl Du ein Heimscheißer bist.

Du räumst nie auf, lässt alles liegen, schmeißt Deinen ganzen Scheiß einfach um Dich, irgendwohin. Irgendwo unterm Staub bist Du, Deine feine zerbrechliche Seele mit dem großen Maul, mehr Ruhrpott, als Dir lieb ist, da unterm Staub liegt Dein Herz begraben, und Du vermisst es nicht. Du lässt den Dreck sich Schicht um Schicht auftürmen, baust Traumschlösser aus Müll. Das ist keine charmante Unperfektion, so wie eine Zahnlücke oder Segelohren, das ist bloß Müll, und Du liegst darauf, als wären es tausend Daunendecken.

Du brüllst in mein Ohr jeden Tag, brüllst mich an: »Schneller, Du Langweiler, schneller!«

Ich keuche, japse und stütze mich am Leihfahrrad ab, während Du über die rote Ampel läufst. Du weißt, ich gehe nur bei Grün, so hab ich Dich verloren, die Nacht hat Dich verschluckt.

Dabei weiß ich, wo Du bist, Du bist im Club und schließt die Tür auf und präsentierst den Süchtigen als Dr. Caligari den Schlafwandler, der tut, was Du ihm befiehlst. Im Darkroom reichst Du die Kollekte rum und sammelst Seelen, Stolz und Selbstliebe wie Groschen, die Du Dir später im Wahn über den nackten Körper wirfst. Du suhlst Dich darin, bist besessen.

Oft habe ich auf Dich gewartet, die ganze Nacht, habe Kaffee geschlürft, um wach zu sein, wenn Du kommst.

Du bist nicht mehr heimgekommen, hast auch nicht angerufen.

Ich weine ein bisschen manchmal, dann, wenn ich mich erinnere an unser erstes Mal, an die Leichtigkeit, die wir hatten, unsere Freundschaft.

Wie oft saßen wir zusammen, mit Bohneneintopf aufm Schoß. Spiele für die Ewigkeit, sechs Minuten Nachspielzeit. Doch am Ende stand es immer eins zu null für Dich, weil der VAR mal wieder pennt.

Dabei hab ich alles gegeben, bin gerannt, hinter Dir hergerannt und hab eins doch übersehen: Vorsicht Stufe! Vorsicht Stufe! Vorsicht Stufe! Vorsicht Stufe!

Frau Dr. Grabows Blick ist die pure Resignation, hoffnungslos, etwas irritiert. Von der einstigen Zuversicht, hier noch irgendwie helfen zu können, ist nichts geblieben, außer einer Frau, die womöglich soeben ihre Berufswahl überdenkt.

Wortlos reiche ich Berlin meinen Abschiedsbrief und lege ihn in die zittrige Tatze, während ich mich langsam vom Sofa erhebe. Berlin schaut unbeeindruckt aus dem Fenster, schnauft und wischt sich ein bisschen Glitzer von der trockenen Schnauze.

»Der Bär wird nicht zahlen, die Rechnung also bitte wieder an mich«, sage ich zu Frau Dr. Grabow, als ich zu ihr rübergehe.

»Es tut mir sehr leid«, flüstert sie fast und schaut ungläubig zum Fellberg auf dem Sofa.

»Mir auch«, antworte ich ihr, bevor ich mich verabschiede.

Das war's dann jetzt, ich verlasse Berlin.

Auf dem Weg zum Auto blickt mir der Fernsehturm entgegen. Kurzzeitig denke ich, er könnte auf mich draufkippen und mich einquetschen, sodass ich doch auf ewig hier verharren müsste.

Mein Kleinwagen ist vollgestopft mit all den Dingen, die mir geblieben sind. In jeder Ritze steckt Kram, das bisschen Zeug, das Berlin nicht verschlingen konnte.

Ich starte den Motor, die Musik geht an.
Prince singt:

My luck's gonna change tonight
There's gotta be a better life
Take a picture, sweetie
I ain't got time to waste.